DELICIAS DE LA COCINA PERUANA

DELICIAS DE LA COCINA PERUANA

Manual Que Debe Tener Toda Ama De Casa

Mariana Granda

Número de Control de la Biblioteca del Congreso de los EE. UU.:   2011912627
ISBN: Tapa Dura   978-1-4633-0587-1
                   Tapa Blanda   978-1-4633-0586-4
                   Libro Electrónico   978-1-4633-0585-7

Este Libro fue impreso en los Estados Unidos de América.

Para hacer pedidos de copias adicionales de este libro, por favor contactar con:
Palibrio
1663 Liberty Drive, Suite 200
Bloomington, IN 47403
Para llamadas desde los EE.UU 877.407.45847
Para llamadas internacionales +1.812.671.9757
Fax: +1.812.355.1576
ventas@palibrio.com
354834

CONTENIDO

Dedico este libro a mis amigos los esposos Khari y Leslie Garvin, quienes despues de probar algunos de mis platos de la cocina Peruana, fueron los que me animaron a escribir cada una de mis recetas y buscar las que tenia guardadas; con el fin de editar este libro.

Tambien dedico este libro a mis dos nietas Nathalie y Stephanie, quienes nacieron y crecieron en New York y yo fui las que les preparó sus comidas hasta las edades de 15 y 18 años;luego me tuve que mudar al Estado de North Carolina y hasta hoy mis nietas reclaman de mi presencia, porque desean deleitarse con sus platos favoritos que yo les solia preparar, especialmente mi Nathalie con la papa a la huancaina y mi Stephanie con sus tamales de cerdo.

Por último dedico también este libro a mi esposo Ricardo A. Salazar Sánchez quién durante nuestra vida matrimonial ha venido elogiando mis platillos y toda la vida me dió la idea de abrir un Restaurante Peruano en USA ;pero que por razones obvias, no se pudo lograr este sueño.

Este libro está dirigido a aquellas personas que deseen probar la diversidad de platos de la cocina peruana, especialmente el sabor, los bajos costos y el gran poder alimentício. Hoy dia es muy fácil de preparar esta comida ya que en los mercados existe un área de venta de productos latinos y en ella se encuentra muchos ingredients del Perú, por lo tanto las personas ya pueden preparar nuestros deliciosos platos.

También me animé a escribir este libro por la cantidad de personas que visitan el Perú en calidad de turistas y cuando regresan a USA todos elogian la comida Peruana.

LA AUTORA

HISTORIA

Les voy a hacer una pequeña reseña de quien soy y de donde vengo: Soy Peruana, naci en Miraflores-Lima-Perú; mi Madre era Cheff de cocina y trabajaba en la Misión Americana por muchos años; cuando esto se acabó; ella se colocó en la Embajada de Colombia; años más tarde atendia fiestas grandes como: matrimonios; 15 años; despedidas y otros.

Recuerdo que en esos tiempos la llamaban:" La reyna de la Cocina:" por su sazón y el gran sabor que ponia en sus platos.

Nosotros fuimos 8 hermanos; siendo yo la # 6 y fui la más interesada en aprender a cocinar y mi madre al percatarse por mi interés,comenzó a enseñarme todos sus secretos.

También tuve que estudiar como cualquier niña y cuando terminé mis estudios me dediqué a trabajar en el ámbito comercial y asi estuve por 2 años y medio y renuncié para casarme siendo muy joven;alli empecé mi carrera de ama de casa e iba donde mi madre casi todas las tardes, solo para hablar de cocina.

Ella me dió la idea de escribir todas las recetas que ella me dictaba y explicaba como hacerlas; recuerdo ella me decia: Escribe todas las recetas, para cuando yo no esté más, y tenia razón,pues un paro cardiaco se la llevó a los 54 años.

Aqui van pues todos mis conocimientos y experiencias donde Uds. podrán encontrar diferentes platos de entradas ;ensaladas; cremas y sopas como tambien comida fuerte o segundo plato como se le conoce en Perú.

También adjunto algunos postres, cakes y caramelos.

Muchas gracias por su colaboración y espero se deleiten con los platos de la Gastronomia Peruana.

Cabe destacar que parte de mis regalias, van a ser donadas a St. Jude Childrens Research Hospital;donde atienden a niños con cáncer.

Gracias otra vez y a "comer"

LA AUTORA

CEVICHE DE PESCADO

Nuestro ceviche Peruano, es conocido en el mundo entero, en la elaboración hay muchas variantes; pero de todas las formas, es muy delicioso. El secreto es usar el pescado bien fresco y preferible pescado blanco;aqui se puede usar el flounder, el cod, mahi-mahi ;y otros.

INGREDIENTES:

Pescado suficiente como para 6 personas (2 libras)
2 cebollas rojas
2 aji picante (puede ser jalapeño)
12 limones de los verdes
2 ramas de apio fresco
2 dientes de ajos
3 choclos o maiz tiernos
3 camotes
6 ramas de cilantro fresco

PREPARACION

Cortar el pescado en trocitos chicos, tambien se puede cortar estilo filetes chicos. Acomodarlo en una fuente de vidrio ;agregar el apio bien lavado y cortadito en cuadrados pequeños;los dientes de ajos picados bien finos; el aji jalapeño bien menudo al cual se le quita un poco de pepas y venas, para que no pique mucho. Si a Ud le gusta bien picante, entonces usar como está ;exprimir los limones y echarlo en la fuente del pescado, sazonar con sal, agregar el cilantro picado menudo y una cebolla cortada a lo largo bien finita, mover y dejar marinar por unos 20 minutos.(cortar la otra cebolla, para adornar los platos al final). Al servir adornar con un poquito de cebolla cortada a lo largo, tambien un trozo de choclo y otro de camote. Este plato es exquisito!!!!!!!!!

ENSALADA RUSA

INGREDIENTES

2 libras de papas
4 beterragas o remolachas (puede usarse de lata)
Una libra de alverjas(puede usarse de las frizadas)
Una libra de zanahoria
Una lata de atun
2 huevos
Una taza de aceite de oliva
Una cucharadita de pimienta molida
Sal a gusto
4 ramas de perejil
Un pomo de mayonesa

PREPARACION

Se sancochan las papas con las zanahorias,las alverjas y las beterragas una
vez sancochado, dejarlas enfriar; luego cortar todo en cuadraditos pequeños,
echar todo en un tazón, ponerle sal y pimienta; agregar la lata de atun, mover
bién, agregar la mayonesa, el aceite de oliva y mover bién.

Servir en platos regulares,poniendo un poco de esta verdura y adornar con
un poquito de mayonesa encima,una rodaja de huevo duro y una ramitas
de perejil.

CEVICHE MIXTO

Para hacer este plato, no solo se usa el pescado, sino también mariscos.

INGREDIENTES

Una libra de filetes de pescado blanco
Un pulpo grande(cocinar por media hora y limpiarlo dejándolo blanco)
6 calamares(cocinar y limpiar)
12 clams(solo pasarlos por agua caliente)
Una libra de camarones frescos(solo pasarlos por agua caliente)
12 limones verdes
2 cebollas de las rojas
2 dientes de ajos
Una rama de apio fresco
Un aji jalapeño
4 ramitas de cilantro bien lavado
6 choclos o maiz tierno
3 camotes

PREPARACION

Lavar bien los mariscos y preparar,ya sea cocinar o solo pasarlos por agua hervida;
picarlos todo bien chico y echarlos en una fuente de vidrio o de loza.
Agregar el pescado picadito ya sea en cuadradito o en filetes chicos; agregar
los 2 dientes de ajos chancados;picar bien menuda la rama de apio y agregar
lo mismo el cilantro y el jugo del limón;sazonar con sal, mover, agregar el aji
jalapeño picado;mover todo bien para que se una y se cocine con el limón
dejarlo por 20 minutos ;por ultimo picar las cebollas a lo largo delgaditas y
echar solo una cebolla; la otra se separa para el adorno de los platos.
Servir acompañado por un trozo de camote y otro de choclo.

Algunas personas usan acompañar este tipo de ceviche con canchita salada.

"canchita" es el maiz seco, frito en aceite con sal.

TIRADITO DE PESCADO

Este plato es una variación de nuestro ceviche, pero también es delicioso.

INGREDIENTES

2 libras de pescado blanco en filetes
12 limones de los verdes
Un pomito de aji Amarillo molido(se compra en las tiendas hispanas)
2 dientes de ajos
4 ramas de cilantro bien lavado
6 camotes
6 choclos
Sal a gusto
Una lechuga

PREPARACION

Picar el pescado en filetes bien finos y chicos, ponerlos en una fuente honda de pyrex o loza;agregar el jugo de los limones;los ajos molidos, el cilantro picadito, una cucharadita de aji Amarillo molida y la sal; mover y dejar marinar por 20 minutos.
Sancochar los choclos y los camotes por separado.
Al servir,poner en el plato una hoja de lechuga ;a los costados poner un choclo y un camote.

ENSALADAS DE PALTAS O AGUACATES

Esta es una ensalada simple y deliciosa y nos salva en cualquier momento en que nos llegan visitas.

INGREDIENTES

3 paltas o aguacates no muy maduras(en mi pais la llamamos palta)
2 tomates grandes como para ensalada
2 cebollas de las rojas
Una lechuga
2 limones
Media taza de aceite de oliva
Media cucharadita de pimienta molida
Sal a gusto.

PREPARACION

Lavar bien la lechuga y deshojarla, ponerla a escurrir;picarla bien chiquita y ponerla en la ensaladera ;pelar el tomate y cortarlo en rodajas y acomodarlas sobre la lechuga; las paltas se pelan y se cortan en trozos grandes y se ponen en un plato a parte.
A parte se pelan y se lavan las cebollas y se cortan estilo pluma y se ponen en un tazón al cual se le agrega el jugo de los 2 limones, el aceite de oliva; la pimienta y la sal, mover bien; dejar por unos minutos, para que la cebolla tome e sabor del limón; echar un poco de esta salsa de cebollas sobre los tomates acomodar los aguacates sobre los tomates y encima echar el resto de la salsa de cebollas.
Esto queda DELICIOSO

ENSALADA DE PATITAS DE CERDO

Este era el plato preferido de mi madre, la cual se fue muy temprano,su corazon le jugó una mala pasada.

INGREDIENTES

6 patitas de cerdo
4 papas blancas
3 cebollas rojas picada finamente como para ensalada
Media taza de vinagre rojo
Una cucharadita de aji amarillo molido
Un aji fresco (picado y sin pepas)
Media cucharadita de pimienta molida
Media taza de aceite de oliva
Sal a gusto

PREPARACION

Sancochar las patitas en abundante agua con sal;una vez cocinadas, dejar enfriar un poco y limpiarlas, sacándole todos los huesitos que se encuentran se cortan en pedacitos y se van poniendo en una fuente.
A parte se pica la cebolla a lo largo bien fina y se lava junto con el aji cortado en rebanadas ;poner todo esto en un tazón y aderezarlo con el vinagre, la pimienta molida, el aceite y la sal, dejarlo un rato para que tome gusto.
Luego echar esta salsa sobre las patitas.
Las papas sancochadas pelarlas y cortarlas en rodajas y acomodarlas en la fuente de las patitas.
Esto queda muy sabroso.

ESCABECHE DE PESCADO

Mi madre me enseño a preparar este plato, como todos los otros;pero a ella no le gustaba el escabeche que ella preparaba;sin embargo, se moria cada vez que yo, se lo preparaba ;ella lo comia con mucho gusto.

INGREDIENTES
3 libras de pescado fresco(puede ser cod fish o sea bass)
Media botella de aceite
Media botella de vinagre rojo
5 cebollas grandes, de las rojas
4 dientes de ajos
Media cucharadita de pimienta molida
Media cucharadita de comino molido
2 cucharadas de aji colorado (si no lo encuentran lo puede hacer con chile ancho molido)
Una lechuga
3 choclos
3 huevos duros (se usan para adornar)
Media libra de queso fresco
Medio frasco de aceitunas de botija (encontrar en tiendas hispanas)
4 tazas de harina de trigo (para freir el pescado)

PREPARACION

Lavar bien el pescado, luego escurrirlo y cortarlo en trozos cuadrados grandes echarle sal y pimienta y dejarlos en una fuente con harina de trigo.
Luego ir friendolos y acomodarlas en una fuente grande de vidrio.
En una sarten grande echar aceite y agregar los ajos bien chancados, agregar la pimienta, el comino el aji colorado, mover bien; agregar la cebolla cortada a lo largo un poco gruesa; mover; sazonar; agregar todo el vinagre y retirarlo del fuego, no dejar que la cebolla se recocine; esta debe de quedar bien crocante.

Echar esta salsa sobre el pescado frito ;acomodar las hojas de lechuga por los costados y por el centro acomodar los huevos en rodajas y los trocitos de queso fresco y las aceitunas de botija.

Este plato debe hacerse con varias horas de anticipation, si se hace el dia anterior ; es mucho major.

Hay personas que sancochan la cebolla en agua antes de hacer la salsa: eso es MUY MALO, se debe poner la cebolla CRUDA y esta se cocina con el vinagre

PALTAS O AGUACATES RELLENOS

Este plato es como el anterior, se usa como una entrada de una cena especial.

INGREDIENTES

6 paltas grandes, no muy maduras
2 zanahoria
Una taza de alverjas(se pueden usar las frizadas)
Una taza de vainitas picadas
3 huevos duros
Media taza de aceite de oliva
Un limon
Un pomo de mayonesa (chico)
6 ramas de perejil
Sal a gusto

PREPARACION

Lavar los vegetales y cortarlos bien menudo, luego sancochar en agua con un poquito de sal ;sancochar los huevos y picarlos bien menudos, poner todo en un tazón, sazonar con sal, pimienta,aceite de oliva y el jugo del limón. A parte cortar las paltas a lo largo, pelarlas y rellenarlas con las verduras preparadas, adornar en la cima con un poquito de mayonesa y unas ramas de perejil,servir sobre hoja de lechuga, ya sea entera o finamente picada.

CAUSA RELLENA CON VERDURAS

INGREDIENTES

Un atado de beterragas(si desea puede usar las de lata)
Alverjas(puede usar las frizadas)
Una libra de vainitas frescas
2 zanahorias
Sal a gusto
Una taza de aceite de oliva
Un limón de los verdes
Una cucharadita de pimienta molida
Un pomo de mayonesa
Una lechuga
4 huevos

PREPARACION

Lavar y picar todas las verduras en cuadritos chicos;luego sancocharlas en agua y un poquito de sal; una vez cocinadas, escurrirlas, ponerlas en un tazón y marinarlas con el jugo del limón, la sal, el aceite de oliva y la pimienta molida mover bien.

A parte se hace la causa (ver receta posterior. Pág. 26) Partir la causa en dos partes; una parte echarla sobre la fuente vacia y estirarla bien tratando de cubrir toda la fuente pyrex o loza;sobre esta causa, echar las verduras aderezadas, estirar bien, tratando de forrar la causa; luego echar el resto de causa sobre las verduras, cubriendolas bien, de manera que se forme como un alfajor; luego cubrir con mayonesa, cortar en cuadrados y servir sobre hojas de lechuga, adornar con rodajas de huevo duro.

Este plato es una buena "entrada "para cualquier cena especial que se tenga.

BERENJENAS O EGG PLANT RELLENAS

INGREDIENTES

6 berenjenas medianas
2 huevos
Medio pan blanco de molde
Una taza de queso parmesano
4 dientes de ajos
Una cebolla
Media taza de leche evaporada(se aumenta con media taza de agua)
Media taza de aceite de oliva
2 cucharadas de mantequilla
Un paquete de queso mozzarella

PREPARACION

Se parten las berenjenas a lo largo en mitades y se sancochan en agua con sal por 10 minutos, se sacan del fuego y con la ayuda de una cuchara,se saca solo parte de la comida; dejando las cáscaras consistentes.

A parte en una cacerola,se pone un chorrito de aceite, se agrega la cebolla picada bien menuda, los ajos, la pimienta, mover bien; agregar el pan el cual se habra remojado en leche previamente, se le escurre con la mano y se echa en este aderezo,esto se hace en fuego lento; a parte se baten los huevos y tambien se echan en esta cacerola sin dejar de mover, por ultimo echar el queso parmesano, mover bien para que todo se una,tambien echar la pulpa de la berenjenas cocinadas y picadas bien menudas,sazonar con sal.

Con esta masa se deben rellenar las berenjenas (cáscaras) y ponerlas al horno regular por unos 15 minutos,antes cubrirlas con queso parmesano y mozzarella

Estas berenjenas se pueden acompañar con un puré de papas.

PURE DE PAPAS

INGREDIENTES

4 libras de papas arenosas (de esas rojas)
Una lata de leche evaporada
2 barritas de mantequilla
Una yema de huevo
Sal a gusto

PREPARACION

Lavar bien las papas y ponerlas a sancochar con un poquito de sal,para que no se abran;una vez cocinadas,pelarlas y machucarlas bien con un tenedor o con un prensapapas, a parte en una olla poner toda la leche de tarro, agregar la mantequilla y la sal,mover bien y bajar el fuego, agregar la papa molida, mover si la masa esta seca se puede agregar un poquito de leche o agua, agregar la yema de huevo cruda y mezclar bien; sazonar y servir.

Tambien se puede acompañar este puré con arroz blanco y un bisteck, como también huevos fritos.

CAUSA LIMEÑA

Hay varias clases de causas;esta es la clásica:

INGREDIENTES

2 libras de papas blancas
Aceitunas de botija, medio pomo (se encuentran en las bodegas hispanas)
6 choclos tiernos
Un limon de los verdes
Una cucharadita de aji amarillo molido(se encuentra en las bodegas hispanas)
Una taza de aceite de oliva
Una lechuga
3 huevos
250 gramos de queso fresco
Sal a gusto

PREPARACION

Se lavan las papas y se sancochan en agua con un poquito de sal, para que no se abran ;una vez cocinadas se sacan del agua, se pelan y se machucan con un tenedor o tambien con un prensapapas esto se pone en una fuente, se le agrega el aceite, el aji amarillo molido, el jugo del limón y la sal y se mezcla todo muy bién, si se desea se va agregando un poquito más de aji amarillo molido, asi le saldrá un poco más picante; esto se acomoda en una fuente pyrex tratando de que quede bien plano, se sirve cortándola en cuadrados y se pone sobre una hoja de lechuga; se adorna con huevos duros en tajadas, una aceituna y un trozo de queso fresco, al costado se pone el choclo sancochado.

Opcional: si se desea se puede poner un trozo de pescado frito.

SOUFFLE DE COLIFLOR

INGREDIENTES

Una coliflor grande
Una taza de leche evaporada
4 cucharadas de harina de trigo
Una taza de mantequilla
3 huevo bien batidos
Una cucharadita de sal
Una cucharadita de pimienta molida

PREPARACION

Sancochar la coliflor en agua con sal; una vez cocinada, picarla bien Chiquita o molerla con la ayuda de un tenedor.
Batir los huevos a parte en una cacerola grande echar la mantequilla y ponerla al fuego; ir echando la harina de a poquitos sin dejar de mover; agregar la leche, sin dejar de mover; agregar la pimienta molida, el queso parmesano; los huevos bien batidos ; agregar la coliflor molida o machucada, sazonar con sal.
Poner esta masa en un molde de horno, engrasado(PAM: aceite en spray) y ponerlos en el horno a 350grados por media hora.

Dejarlo reposar, antes de cortarlo.
Queda DELICIOSO.

PAPAS A LA HUANCAINA

Huancayo es una ciudad muy hermosa y próspera y esta situada en la sierra Central del Perú; siendo un gran productor de quesos, mantequilla y requeson Este plato es a base de queso y requeson (cottage cheese) y aji amarillo.
Se cuenta que antiguamente las damas molian el queso con aji para servirlo con papas a sus familiares;luego se ha ido modificando;hoy en dia hay muchas maneras de prepararlas y todas son deliciosa.

INGREDIENTES

2 libras de papas
Media botella de aceite vegetal
Una lata de leche evaporada
Una libra de queso fresco(preferible fetta cheese)
Una lata grande de cottage cheese
Un diente de ajo
6 huevo duros, para adornar luego la fuente
2 cucharadas de aji Amarillo molida
Una ramitas de perejil fresco bien lavado
Una cebolla mediana
Un limón
Sal a gusto.
Una lechuga

PREPARACION

Antiguamente se preparaba la salsa de la papa a la Huancaina en un batán o mejor dicho en una piedra plana bien grande el cual se usaba para moler los granos o verduras como albahaca, cilantro, cominos,mani y otros;pero hoy que todo ha cambiado y que la mujer trabaja tan igual que el hombre y que no tiene mucho tiempo para estar en la cocina, se usan mucho las licuadoras; asi se prepara mucho mas rápido y creo que sale mas rico.

Hay varias formas de preparar la salsa;aqui les va la mia:

Poner al fuego una sarten con aceite, agregar la cebolla cortada en trozos grandes y el ajo pelado, mover sin dejarlo dorar, echar este contenido en la licuadora, agregar el resto del aceite; el queso; el cottage cheese;la lata de leche el aji amarillo molido; probar la sal—muchas veces no se necesita ponerle sal porque el queso viene con sal suficiente.

Si la salsa les queda un poco liquida se le puede agregar un huevo duro entero

Si la salsa les queda muy espesa, se le puede ir agregando de a poquitos aceite y leche de lata; al terminar esta salsa, se le puede agregar unas gotitas de limón.

A parte se sancochan las papas y los huevos,cuando esten cocidas, pelarlas y acomodarlas en una fuente, cortada en mitades o tambien en tajadas gruesas sobre estas papas echar la salsa de la licuadora.
Al servir adornar con hojitas de perejil y tajadas de huevo duros.
Servir adornando el plato con hojas de lechuga.

TAMALES CON CARNE DE CERDO

En este Pais, hay una diversidad de tamales, de varios otros paises de Centro America; yo he probado, algunos y puedo decir que todos eran muy sabrosos pero yo extrañaba los tamales peruanos y aqui les va la receta.

INGREDIENTES

2 libras de maiz(mote pelado) lo venden en las tiendas hispanas)
Una pierna de cerdo de 3 libras mas o menos
3 cebollas
4 dientes de ajos
2 ajies enteros picante
2 cucharadas de aji colorado (se puede usar chile ancho, remojado y molido)
Una cucharadita de pimienta molida
Una cucharadita de comino molido
sal a gusto
2 paquetes de hojas de banana(comprar en las tiendas hispanas)
Un rollo de papel de aluminio
Un rollito de pita,para amarrar los tamales
6 huevos duros
Un pomo de aceitunas de botijas (comprar en bodegas hispanas)

PREPARACION

Remojar el maiz desde el dia anterior, en bastante agua; al dia siguiente empezar a sacar de cada grano esa semillita que esta unida el grano a la mazorca,que si no se les saca,es muy dura para comerla.
Poner este maiz a sancochar en abundante agua; agregarle los huesos de la carne de cerdo y una cucharada de aji colorado, agregar la cebolla en cuadrados grandes y todos los ajos y dejar hervir por unas 3 horas, cuidando de que no le falte agua.
Mientras tanto en otra olla, poner a freir la carne de cerdo en trozos grandes sazonada con sal y pimienta; cuando toda la carne se haya dorado;agregar

unas 2 tazas de agua y dejar cocinar por una hora mas o menos (chicharrón) cuando esten cocinados, se sacan y se cortan en trozos pequeños los que luego se pondran uno en cada tamal; los huevos duros, partirlos en 4 piezas y dejarlo en un tazón; lo mismo con las aceitunas,tenerlas en otro tazón;listas para usar;el aji picante, cortado en rodajitas en un plato; las hojas de banana lavarlas y secarlas, con un secador bien limpio;cortar la pita en pedazos de un metro mas o menos cada uno y tenerlos listos para empaquetar los tamales. el aluminio, cortarlos en piezas de medio metro mas o menos cada pieza y tenerlo en la mesa listo para ser usado.

Una vez que el maiz este cocido, se empieza a moler en la maquina de moler granos(yo muelo la mitad en la maquina de granos y la otra mitad en la licuadora) para que quede una pasta suave y fácil de espesar; poner todo este maiz molido en una olla grande y ponerla al fuego, sazonar con sal y agregar el comino molido y mover continuamente para que no se pegue; hacer esto hasta que la masa se espese; esto dura 2 horas y 30 minutos mas o menos. Ahora se comienza a empaquetar los tamales:

Poner en la mesa un pedazo de papel de aluminio, sobre este papel poner un pedazo de hojas de platano; sobre esto echar un cucharon de masa de maiz;en el centro poner un trozo de chicharrón, un pedazo de huevo duro, una aceitunas, un pedazo de aji picante, doblar la hojas de plátano del frente y por los costados de manera que la masa quede encerradita;luego envolver con el papel de aluminio, por ultimo amarrar el tamal con la pita como haciendo un paquete; ponerlos a cocinar en baño de maria por unas 2 horas, cuidando de ir echando mas agua de a poquitos para que no se queme la olla.

Para acompañar este tamal se prepara una salsa de cebollas cortada larguita con aji,aceite, limon y sal queda deliciosa.

ANTICUCHOS DE CORAZON DE RES

Este es un plato muy popular y delicioso, en Perú,los venden por la tarde alrededor de los parques y alamedas; como tambien hay muchas anticucherias y por supuesto en los restaurantes.

INGREDIENTES

Un corazón de res, que sea grande
Una botella de vinagre rojo
6 dientes de ajos
Una cucharada de pimienta molida
Una cucharada de comino molido
Media taza de aji colorado (se puede usar el chile ancho, molido)
Media taza de aceite
3 yucas
6 choclos
Un paquete de palitos de bamboo(los venden en tiendas latinas,)

PREPARACION

Limpiar el corazón de grasa y nervios que trae bastante, cortarlo en cuadrados ponerlos en un tazón, agregar los ajos molidos, la pimienta y el comino molido, el aji colorado, la sal y echar toda la botella de vinagre, mover todo y dejar marinar por unas 3 horas; luego ir ensartando los trocitos de corazón en los palitos de bamboo; se ponen 4 trozos por palito.
Armar con carbón un bracero, donde se han de freir los palitos (anticuchos) poner una parrilla encima; despues de que los carbones esten prendidos acomodar los palitos para que se frian o mejor dicho se cocinen.
De el vinagre donde se marinó el corazón, agregarle media taza de aceite y con este jugó ir salpicando los palitos; mientras se esten cocinando.
Tambien se puede formar una brochita, hecha de la panca de los choclos y con esta ayudarse para salpicar los anticuchos con el vinagre y aceite.
Se sirve unos 3 o 4 palitos en cada plato, mas un choclo y un pedazo de yuca cocinada ;tambien se puede hacer una salsa de cebollas con aji picante.
Queda delicioso.

PASTEL DE VERDURAS

Este pastel se puede hacer para recibir a las amistades o familiares que llegan de visita, esto se prepara con anterioridad.

INGREDIENTES PARA LA MASA

300 gramos de harina
150 gramos de manteca
Una cucharadita de polvo de hornear (yo uso Royal)
Un huevo
Una cucharita de sal
Media taza de agua.

PREPARACION

Cernir la harina junto con el polvo de hornear y la sal, agregar la manteca poner todo en un tazón; agregar el huevo crudo y la media taza de agua, amasar todo junto; se sabe que la masa esta lista,cuando ya no se pega en las manos; luego se acomoda en una tabla y con un rodillo estirar la masa y forrar un molde de horno y dejarlo listo, para el relleno.

INGREDIENTES PARA EL RELLENO

2 zanahorias
Una taza de alverjas(se pueden usar frizadas)
Una libra de vainitas
2 atado de espinaca
Un trozo de coliflor
Un trozo de brócoli
3 huevos
Una taza de queso parmesano
Una taza de mantequilla
2 papas medianas
Media taza de leche evaporada

3 cucharadas de harina de trigo
Un cuarto de cucharadita de nuez moscada
Un cuarto de cucharadita de sal

PREPARACION

Sancochar todas las verduras juntas a excepción de la coliflor y el brócoli estas se sancochan a parte; una vez sancochado, se dejan enfriar y se pican bien chiquitas;lo mismo se hace con la coliflor y brócoli. a parte en una olla poner una barrita de mantequilla, agregar la harina de a pocos, la sal, la pimienta molida, mover bien con una cuchara de palo, agregar un chorrito de leche de lata agregar la nuez moscada, agregar el queso parmesano, los huevos bien batidos, mover todo muy bien, incorporar las verduras y revolver bien para que todo se una en forma uniforme; esto echarlo en el molde ya forrado con anticipación, encima cubrir con la masa restante; por ultimo pintar con una yema de huevo, la parte superior del pastel, ponerlos a horno regular por media hora.
Cortarlo cuando este tibio, de lo contrario se le parte todo.

MARIANA GRANDA

PASTEL DE ACELGAS

Este es un pastel con sal, el que se puede usar, para una entrada con las cenas o tambien para comerlo con el te o el café, en las tardes; yo acabo de hacer uno por eso me acordé de ponerlo en mi libro.

INGREDIENTES

300 gramos de harina de trigo;
150 gramos de manteca
Una cucharita de polvo de hornear
Un huevo.
(estas medidas son para un molde grande, pero si se desea hacer en molde mas pequeños, entonces medir la harina en tazas Ejm: 2 tazas de harina=una taza de manteca)
Media taza de agua.

Para el relleno

6 huevos duros
Una lata de leche evaporada
Media taza de agua
3 atado de espinaca
3 atado de acelgas (swiss chard)
Una cebolla grande
Una cucharadita de pimienta molida
Media taza de harina
Media taza de aceite de oliva
Una taza de queso parmesano
Sal a gusto.

PREPARACION

Se limpian las acelgas y espinaca, se lavan bien y se ponen a sancochar;una vez sancochado se muelen o tambien se pueden picar bien chiquitas.

A parte poner una olla al fuego con un chorrito de aceite de oliva, agregar la cebolla picada bien menuda, la pimienta molida, la sal; mover continuamente bajar el fuego, se echa la media taza de harina de a poquitos moviendo para que no se hagan grumos o se pegue, ir agrégando la leche evaporada, sazonar; agregar la acelgas y espinaca picadas o molida y el queso parmesano, batir un huevo y echarlo; mover bien, sacar del fuego y dejar reposar.

A parte en una mesa limpia o tabla de amasar, poner la harina, el polvo para hornear, la manteca y se comienza a amasar, agregar la media taza de agua y se amasa bien; se conoce cuando la masa esta lista, cuando ya no se pega en las manos; cortar la masa en dos partes, con la ayuda de un rodillo estirar la mitad de la masa en la tabla enharinada, se echa un poquito de harina al rodillo estirar la masa por partes e ir forrando el molde de pyrex; cuando el molde este todo forrado de masa, se incorpora la acelgas con la espinaca y se meten los huevos duros cortados en dos, estos se van acomodando dentro de la espinaca.

Con el resto de la masa, se estira de la misma forma y se va tapando todo el molde, o sea las acelgas y espinaca; una vez que se haya cubierto bien, se doblan los extremos de la masa hacia adentro del molde.

A parte abrir un huevo fresco y echarlo en una taza, agregarle un chorrito de leche, mover bien y con la ayuda de una brochita pintar toda la parte de arriba del pastel.

Ponerlo a horno moderado por media hora; dejarlo reposar antes de cortarlo.

Parece mucho trabajo pero vale la pena; ya que este pastel es muy delicioso y contiene muchas vitaminas.

CREMA DE APIO

INGREDIENTES

Una cabeza de apio
4 papas arenosas
Una lata de leche evaporada
Media taza de mantequilla
Una taza de queso parmesano
Sal a gusto
Croutons(son unas cajitas de pan condimentado y horneado)

PREPARACION

Poner una olla al fuego con 3 litros de agua, agregar el apio bien lavado y picado en trozos grandes, agregar las papas lavados, peladas y picadas la cebolla cortada en 4 partes y dejar cocinar; cuando las verduras, esten cocidas, sacarlas con la espumadera e ir licuandola en la licuadora poco a poco aqui se utiliza el caldo donde se sancochó la verdura; ir echando esta crema a otra olla, por ultimo juntar todo con el caldo que sobró; sazonar a gusto ; agregar el queso parmesano y la leche de lata y retirar del fuego.

A la hora de servir, poner unos cuantos pancitos "croutons "que son muy buenos.

CREMA DE ZAPALLO (CALABAZA O TAMBIEN SQUASH)

Hay varias maneras de preparar esta crema, yo les voy a dar la forma de como yo la preparo.

INGREDIENTES

2 libras de zapallo o calabaza
Una libra de papas arenosas
Una cebolla
Media taza de harina de trigo
Media taza de mantequilla
Una lata de leche evaporada
Una taza de queso parmesano
Un cubito de carne
Sal a gusto

PREPARACION

Poner al fuego una olla con 3 litros de agua mas o menos, agregar el zapallo lavado y cortado en trozos grandes; lo mismo las papas lavadas y cortada en 4 partes; la cebolla tambien se corta en trozos grandes; dejar cocinar.
A parte en una cacerola grande poner la media taza de mantequilla, apenas esta empiece a derretirse se comienza a echar la harina de a poquitos y mover con cuchara de palo, como quien hace una salsa blanca; ir echando el agua donde se sancochó el zapallo y las papas; a parte moler en la licuadora el zapallo, las papas y la cebolla; utilizar tambien el caldo donde se sancochó esta verdura; echar todo este licuado a la cacerola; mover bien; sazonar; agregar el cubito de carne; dejar hervir por 5 minutos; retirar del fuego; agregar el queso parmesano y la lata de leche.
Esta crema debe de quedar, bien espesita.

SOPA DE FRIJOLES

Esta es una sopa bien fuerte, que tomándose un buen plato, ya no se necesita comer más; mi secreto es que yo solo la preparo, cada vez que hago frejoles y me sobra; yo guardo lo que me sobró en la nevera y lo utilizo al dia siguiente o sub-siguiente, para preparar esta sopa.
Este plato le encanta a mi nieta mayor.

INGREDIENTES

3 tazas de frejoles cocidos
Una libra de papas arenosas
Un paquete de tocino (de esos que se venden para desayunos.)
Un tomate
4 dientes de ajos
Media cabeza de apio
Una zanahoria
Media col chica
Media caja de fideos coditos "elbows"
Media cucharadita de pimienta molida
Media cucharadita de paprika
Media taza de aceite de oliva
Una taza de queso parmesano
Sal a gusto

PREPARACION

Poner al fuego una olla con un chorrito de aceite de oliva, echar la cebolla picada bien menuda, los ajos chancados y dejar freir; agregar el tocino bien picadito y dejar freir; agregar la pimienta molida, la paprika y el tomate pelado y picado y dejar freir, cuando todo este frito, agregar unos 3 litros de agua y toda la verdura lavada y picada menuda; dejar hervir por una media hora; agregar los frijoles y los fideos, sazonar con sal, dejar cocinar, cuando los fideos esten cocidos, sacar del fuego y servir; echando en cada plato un poquito de queso parmesano.

NOTA: si no quieren hacerlo con frijol sobrante; lo pueden hacer con frijol nuevo en este caso tienen que remojar el frijol (una taza) el dia antes y luego cocinar a parte; cuando este cocido mezclarlo con las verduras, para que se cocinen juntos.

MARIANA GRANDA

CREMA DE BROCOLI

Para preparar esta crema yo le pongo ademas de brócoli, otras verduras.

INGREDIENTES

Un atado de brócoli
Una libra de vainitas
Media cabeza de apio
3 papas arenosas
Media taza de mantequilla
Una taza de queso parmesano
Una cebolla
3 dientes de ajos

PREPARACION

Poner al fuego una olla grande con solo la mitad de agua; cuando esta hierva echar todas las verduras bien lavadas y cortada en trozos grandes; cuando esten cocidas, sacarlas y dejarlas reposar un ratito; despues irlas licuando e ir echándolas en otra olla limpia, para el licuado utilizar el caldo donde se sancochó las verduras (utilizar todo el caldo).

Poner esta olla al fuego y agregar la mantequilla, el queso parmesano, sazonar con sal y servir; se puede adornar con pedacitos de pan frito en mantequilla, como también se puede usar "croutons" el que se vende en cajitas.

mientras tanto la sopa con las verduras sigue hirviendo agregar los cocidos
en trozos grandes la .... el .... cuando ya este cocido servido
.... y apagar el fuego.

SOPA MENESTRON

Esta tambien es una sopa fuerte, que uno se satisface muy pronto y ya no se desea comer el segundo plato o plato de fondo.

INGREDIENTES

2 libras de carne de pecho
2 zanahorias
Un zapallito (calabaza o squash)
Media libra de vainitas
Media libra de alverjas
Una cabeza de poro (leeks)
Una libra de papas arenosas
Media caja chica de fideos canutos
Medio atado de albahaca
Un atado de espinacas
Una cebolla grande
3 dientes de ajos
Media libra de queso fresco
Media taza de aceite de oliva
Media cucharadita de pimienta molida
Sal a gusto
3 choclos

PREPARACION

Poner una olla grande al fuego con solo la mitad de agua, cuando esta hierva, echar la carne cortada en trozos grandes y hacerla hervir por una hora luego echar la verdura lavada y picada en cuadraditos a parte pelar y lavar las papas y dejarlas en un tazón.

A parte en una sartén echar un chorrito de aceite y ponerla al fuego; agregar los ajos pelados y la cebolla cortada en trozos, dejar dorar y luego echar todo en la licuadora; agregar las hojas de la albahaca y espinacas, lavados y escurridas, cuando todo este licuado, se agrega el queso fresco en trozos mientras tanto la sopa con las verduras sigue hirviendo; agregar los choclos en trozos grandes; las papas cortada en trozos y los fideos; sazonar; cuando los fideos esten cocidos; echar el molido de la albahaca y espinaca (pesto) y apagar el fuego.

MARIANA GRANDA

SANCOCHADO LIMEÑO

ESTA SOPA ES BASTANTE FUERTE, POR TODOS LOS INGREDIENTES QUE TIENE.

INGREDIENTES

2 libras de carne de pecho de res; como tambien de falda
2 yucas
4 papas arenosas
Un poro (leek)
una cabeza de apio
media col
2 zanahorias
Una libra de zapallo
3 choclos (maiz tierno)
Un paquete de tocino (de esos que se venden para desayunos)
Una taza de garbanzos (remojar la noche anterior)
Un cuarto de taza de arroz (bien lavado)
Una cebolla
Un tomate grande
4 dientes de ajos
Sal a gusto

PREPARACION

Poner al fuego una olla grande con la mitad de agua;cuando esta hierve se echa la carne entera; los ajos chancados, el tomate pelado y entero, se deja hervir por una hora y media; cuando la carne este tierna se agregar todas las verduras bien lavadas y unas ramas de yerba buena; al ultimo se echan las papas y yucas bien lavadas y los garbanzos cocinados de antemano.
A parte cortar el tocino en trocitos y freirlos bien; agregar a la olla del caldo y agregar el arroz, dejar cocinar y listo.
Esto se sirve asi: en un plato hondo servir solo el caldo y a parte en un plato extendido poner un trozo de carne y un pedazo de cada verdura entera, lo

mismo un pedacito de tocino, un trozo de yuca, una papa y un pedazo de choclo en otro platito poner una salsa picante de cebollas picada a lo largo bien fina picar aji jalapeño, jugó de limón, aceite de oliva y sal; esto es para sazonar las verduras.

Este es un plato muy antigüo, que casi los Restaurantes en Perú ya no preparan;solo se encuentran en sitios especiales.

MARIANA GRANDA

ARROZ AGUADITO DE PESCADO

Este plato se estila comerlo,despues de una "mala noche"; o despues de haber ingerido bastante alcohol, el dia anterior.

Despues de haber comido un buen plato de este aguadito, la persona queda como nueva.

INGREDIENTES

3 pescados "poggy" o tambien pescado" king" cortado en trozos.
Una cebolla
4 dientes de ajos
Media cucharadita de pimienta molida
Media cucharadita de comino molido
Un pimiento fresco
2 limones
media libra de alverjas
Medio atado de cilantro
2 ajies verdes(comprar en las bodegas hispanas)
3 papas arenosas
Una taza de arroz bien lavado
Una taza de aceite de oliva
Sal a gusto

PREPARACION

Cortar el pescado en trozos grandes y condimentar con sal y pimienta y dejarlo reposar ;lavar y limpiar el cilantro, luego molerlo en licuadora junto con el aji verde y el aceite de oliva.

En una olla grande, echar un chorrito de aceite de oliva y agregar la cebolla picada bien menuda; los ajos molidos; la pimienta y el comino; mover bien, agregar, el cilantro molido; mover bien para que no se pegue o queme echar unas 7 tazas de agua, dejar que de un hervor; echar la taza de arroz bien lavado y las papas cortada en trozos grandes; dejar hervir por unos

20 minutos agregar los trozos de pescado y las alverjas; dejar que den otro hervor; agregar el pimiento picado, sazonar y apagar el fuego.

El arroz debe quedar bien cocinado, casi abierto; se sirve en plato hondo o de sopa; se debe exprimir unas gotas de limón en cada plato.

Este plato tambien se puede hacer con pollo;solo que el pollo debe cocinarse mas que el pescado.

y los choclos en rodajas; dejar cocinar por unos 20 minutos agregar el arroz
y dejar cocinar por otros 15 minutos sazonar y echar la yerba buena
picada y mover.

Servir caliente.

CAZUELA

Esta sopa es muy rica y aqui en New York nos queda muy bien en nuestros
inviernos.

INGREDIENTES

2 libras de carne de sopa (pecho o costilla de res)
2 cebollas
2 tomates grandes
4 dientes de ajo
Una cucharadita de oregano
Una cucharadita de paprika o pimentón
Media cucharadita de pimienta molida
Media taza de aceite de oliva
Media cabeza de apio
Sal a gusto
2 zanahorias
Media libra de zapallo (squash)
Media libra de alverjas
Media libra de vainitas
3 choclos o maiz tierno
Media taza de arroz bien lavado
Media cabeza de col
Una libra de papas arenosas
Un ramito de yerba buena (mint)

PREPARACION

Poner en una olla grande un chorrito de aceite, agregar la cebolla finamente
picada y los ajos chancados, dejar que se frian, agregar los tomates pelados
y picados, la pimienta la paprika y el orégano, mover, agregar la carne
cortada en trozos, mover para que no se pegue; echar el agua deseada para
la cantidad de personas que se sentarán a la mesa; dejar hervir; cuando la
carne este tierna echar toda la verdura picada en cuadraditos y bien lavada

y los choclos en rodajas; dejar cocinar por unos 20 minutos; agregar el arroz y dejar cocinar por otros 15 minutos mas; sazonar y echar la yerba buena picada muy finamente.

Servir caliente.

SOPA SERVIDA

INGREDIENTES

2 libras de carne para sopa o costilla de res
Una zanahoria
2 libras de yuca
Una cebolla
Media cabeza de apio
4 dientes de ajos
4 huevos

PREPARACION

Poner en una olla grande 4 litros de agua; apenas empiece a hervir, echar la carne bien lavada; dejar hervir, agregar la zanahoria, el apio y los ajos chancados, la cebolla entera y limpia, sazonar y dejar hervir, cuando la carne este tierna, sacar todas las verduras enteras con la ayuda de una espumadera, sacar la carne y picarla en trozos pequeños y devolverla a la olla; agregar la yuca cortadita en trocitos; cuando la yuca este cocida se apaga el fuego e Incorporar los huevos bien batidos, sazonar con sal y mover.
Servir con pan frito cortada en trocitos o tambien "croutons" y queso parmesano Queda delicioso.

SOPA A LA MINUTA

Esta es una sopa que se hace bien rapidito y es deliciosa.

INGREDIENTES

Una libra de carne molida de res parte de cadera; o tambien carne picadita.
Una cebolla
Un tomate
4 dientes de ajos
Una cucharadita de paprika
Una cucharadita de orégano
Una libra de papas arenosas
4 huevos
Una cucharadita de pimienta molida
Medio paquete de fideos de "cabello de angel"
Una lata de leche evaporada
Sal a gusto

PREPARACION

En una olla grande echar un chorrito de aceite y ponerla al fuego, agregar la cebolla picada menuda y los ajos chancados; dejar freir, agregar el tomate pelado y picado menudo, la pimienta molida, la paprika y el orégano, agregar la carne molida o la carne de cadera bien picadito; dejar freir ; ir moviendo para que no se pegue; agregar 4 litros de agua; sazonar con sal; agregar las papas peladas y picadas bien menudas, dejar cocinar por 10 minutos.
Luego echar los fideos de cabello de angel, mover y dejar cocinar por 5 minutos; retirar del fuego agregar los huevos y la lata de leche,mover bien. Servir caliente.

MARIANA GRANDA

SOPA A LA CRIOLLA

INGREDIENTES

Una libra de carne de cadera o lomo(carne suave)
Una cebolla grande picada menuda
3 dientes de ajos molidos
2 tomates pelados y picados menudos
Una cucharada de aji panca molido
Una cucharadita de orégano
2 litros de agua
4 papas peladas y cortada chicas
Media caja chica de fideos de cabello de angel
6 huevos
Media lata de leche evaporada y pimienta a gusto

PREPARACION

Poner al fuego una olla, echarle un chorrito de aceite; agregar la cebolla picada
bien menuda, los ajos molidos, la pimienta molida, el aji panca especial
(sin picante o chile ancho molido); luego incorporar la carne picadito chica
los tomates pelados y exprimido para sacar un poco de semillas; dejar freir
y mover para evitar que el aderezo se pegue o queme agregar los 2 litros de
agua y dejar hervir por 15 minutos.
agregar las papas picadas; cuando esten cocidas, agregar el fideo de cabello
de angel, cuando el fideo este cocido,apagar el fuego y echar los huevos uno
por uno; tambien la leche ;por ultimo agregar el orégano.

Al servir se adorna con pan frito cada plato(yo uso croutons)que lo venden
en caja y es mas fácil; pero aún hay personas en Perú, que acostumbran freir
una tajadas de pan de molde en aceite,por los dos lados y la ponen en cada
plato como adorno, pero los tiempos cambian y yo uso croutons.
En cada plato servir un huevo entero, sin partirlo.

Esta sopa se prepara bién rapidito y es muy rica.

PESCADO A LA CHORRILLANA

Chorrillos es una zona de playas que queda al Sur de Lima-Perú; es un lugar muy bonito, antiguamente era un barrio de pescadores; pero ahora ha crecido mucho y hay mucho turismo; finos restaurantes; grandes hoteles; casinos; etc.

De aquí el nombre de este plato

INGREDIENTES

6 filetes de pescado(cualquier que sea)
Un limón
Una taza de harina de trigo
2 cebollas grandes
2 tomates
2 dientes de ajos
Una cuchara de aji amarillo molido (lo venden en las bodegas hispanas.)
Un aji verde cortado en tiritas (buscar en las tiendas hispanas)
6 ramas de cilantro
Sal y pimienta a gusto.
3 papas (se sancochan)

PREPARACION

Sazonar el pescado limpio, con sal y pimienta, pasarlo por harina y freirlo en aceite bien caliente; ir poniéndolo en una fuente.
A parte en una sartén limpia, echar aceite y freir la cebolla cortada a lo largo; Agregar los ajos chancados; el aji amarillo molido; el aji cortado en tiritas, el tomate cortado a lo largo; el cilantro bien picadito, sazonar con sal, agregar el jugó de un limón; echar este encebollado sobre los filetes del pescado frito Tener cuidado de que el pescado no se parta.
Servir caliente acompañado con arroz blanco y rodajas de papas sancochada.

MARIANA GRANDA

ARROZ CON POLLO

INGREDIENTES

Escoger un pollo grande
Una cebolla
4 dientes de ajos
Una taza de cilantro molido(si desea lo puede moler mezclado con espinaca)
Una cucharadita de pimienta molida
Una cucharadita de comino molido
4 tazas de arroz lavado
una taza de alverjas
Un pimiento rojo
Media taza de aceite de oliva.
Sal a gusto.

PREPARACION

Cortar el pollo en trozos y sazonar con sal y pimienta ; poner en una olla el aceite; cuando este caliente, ir friendo las presas de pollo poco a poco hasta que todas se doren; cuando el pollo este frito, sacarlo e irlo poniéndolo a parte; en esa misma olla echar la cebolla picada bien menuda; los ajos molido;la pimienta y el comino, mover para que no se pegue; agregar el cilantro molido, volver a la olla los trozos de pollo ya fritos agregar agua suficiente,sazonar y dejar hervir para que los pollos se cocinen; cuando el pollo esté tierno, retirarlo a otra olla, aqui agregar el arroz y las alverjas, probar la sal y medir el agua;dejar cocinar a fuego lento; cuando el arroz empieza a secarse, darle la vuelta con la ayuda de un tenedor; agregar los pimientos cortada en tiras largas, rociar con aceite de oliva por encima, bajar el fuego y dejarlo por 5 minutos mas.
Servir el arroz con una presa de pollo, se puede acompañar con una salsa de cebollas hecha de cebolla, aji picante, limón y aceite de olive.

AJI DE GALLINA

INGREDIENTES

Una gallina o pollo grande
2 cebollas
10 dientes de ajos
Una cucharadita de pimienta molida
Una cucharadita de comino molido
Una lata de leche evaporada
4 tajadas de pan de molde blanco, sin corteza
Un tomate
Una zanahoria
4 dientes de ajos
Una taza de queso parmesano
4 papas
4 huevos
Sal a gusto
Una cucharadas de aji amarillo molido
Un puñado de nueces
Unas ramas de yerba buena

Procedimiento

En una olla grande echarle la mitad de agua y ponerla a hervir;cuando el agua
este hirviendo;echar la gallina bien limpia, agregar el tomate, la zanahoria,
los ajos y una ramita de yerba buena;todo esto tiene que hervir por lo menos
una hora; sacar la gallina y ponerla a enfriar ; a parte remojar las tajadas del
pan en leche despepitar el aji y molerlo en la licuadora, con los ajos; agregar
el pan remojado en leche y las nueces.
A parte poner en una olla un chorrito de aceite de oliva;agregar las cebollas
finamente picadas unos dientes de ajos molidos; agregar la pimienta y el
comino mover con cuchara de palo, agregar un poquito de caldo donde
se sancochó la gallina, bajar el fuego; agregar el molido de la licuadora,
tambien el aji molido sin dejar de mover; agregar la gallina cortada en trocitos

pequeños, seguir moviendo para que no se pegue, por ultimo agregar el queso parmesano; probar la sal; si esta muy seco se puede agregar un cucharon de caldo de gallina.

Servir con una tajadas de papa sancochada y medio huevo duro se acompaña con arroz blanco.

Este plato es muy rendidor; con esta medida se pueden servir hasta10personas.

MARIANA GRANDA

HIGADO ENCEBOLLADO

INGREDIENTES

6 filetes de higado de res,como tambien de ternera (que es mas tierna)
4 dientes de ajos
Una cucharadita de pimienta molida
Una cucharadita de comino molido
Media botella de vinagre rojo
2 aji verde o tambien jalapeño
2 cebollas
Sal a gusto
Un limon
4 ramitas de perejil
Una taza de harina de trigo
Una taza de aceite
3 papas sancochadas.

PREPARACION

Poner el higado dentro de un tazón, echar el vinagre, la sal, la pimienta, el comino molido, los ajos chancados y dejar marinar por 2 horas; luego sacar dejarlo escurrir y pasarlo por harina (poner en una fuente la harina de trigo agregar la sal y pimienta molida, mover todo bien y aqui poner el higado) Freir cada uno, debe freirlo por los dos lados.
En otra sartén echar un chorrito de aceite y echar la cebolla picada a lo largo agregar el tomate cortado a lo largo, el aji verde cortada en tiritas, el perejil picado, sazonar con sal y exprimirle el jugó del limón,tapar la sartén para que sude ;retirar del fuego.
Servir con arroz blanco y sobre el higado echar un poco de este encebollado Si gusta puede ponerle una tajadas de papa sancochada al lado.

HIGADO SALTADO

INGREDIENTES

6 filetes de higado de res
4 ajos chancados
Una cucharadita de pimienta molida
Una cucharadita de cominos molido
2 ajies verdes
2 cebollas
2 tomates
4 ramitas de perejil
Media botella de vinagre rojo
Un limón
Una taza de aceite
4 papas grandes peladas y cortada larguitas

PREPARACION

Se procede de la misma forma que el higado encebollado, pero aqui se tiene que picar el higado en tiritas largas y se pone a marinar como en el caso anterior; colarlo despues de 2 horas y freirlo en aceite bien caliente; echarlo en una olla; freir las papas cortada larguitas e ir poniéndolo en la misma olla donde se puso el higado; en otra sartén freir la cebolla cortada larguita, agregar el tomate cortada de igual forma; agregar el aji verde cortado de igual forma que la cebolla; el perejil picadito, el jugó del limón, sazonar y mover bien; echar este encebollado sobre el higado y las papas; mover todo bien y servir con arroz blanco.
Este plato es riquisimo y muy nutritivo.

LOMO SALTADO

Este es uno de los platos Peruanos, a los que se le denomina" minuta" porque se hace bien rápido

INGREDIENTES

2 libras de carne de res parte de cadera, o cualquier otra parte suave.
6 papas grandes(se limpian y se pelan cortadas larguitas).
2 cebollas
2 tomates
Un aji verde (podria ser banana chile)
4 dientes de ajos
4 ramitas de perejil
Un limon
Media cucharadita de pimienta molida
Sal a gusto
Un chorrito de soy sauce (lo venden en botellitas chicas)

PREPARACION

Cortar la carne de cadera en forma larguita y chica, ponerla a marinar dentro de un bolo, agregarle el ajo molido, la pimienta y un chorrito de soy sauce, mover bien para que todo se una, dejarlo a marinar por espacio de una hora.
Mientras tanto pelar y lavar las papas y cortarlas larguitas para freir y dejarlas sobre tohallas de papel, para que absorba el agua; poner al fuego una sartén con aceite y cuando este caliente ir friendo las papas por pocos y ponerlas en una olla;cuando se termine de freir todas las papas, freir la carne adobada y cuando este frita, sacarla con la espumadera y ponerla sobre las papas fritas *se dice sacarla con la espumadera, ya que la carne suelta mucho jugo y este plato no debe de quedar aguado *
En otra sartén freir el tomate,la cebolla, el aji verde cortada en forma larguita agregar el perejil picado, agregar el jugó del limón,sazonar y echar

este encebollado sobre la carne y papas, mover para que todo se una; servir
con arroz blanco.
Queda delicioso.

SECO DE CARNE DE RES

Este plato tambien se puede hacer con pollo; con pato y hasta con pescado.

INGREDIENTES

2 libras de carne de caderas(res)
Medio paquete de cilantro
4 dientes de ajos
Una cebolla grande
Una cucharadita de pimienta molida
Una cucharadita de comino molido
Una taza de alverjas
Una taza de aceite
Sal a gusto
3 papas

PREPARACION

Poner una olla al fuego con un chorrito de aceite, echar la cebolla picada en cuadritos y los ajos chancados a dorar, una vez dorados(no quemados) agregar la carne cortada en trozos; agregar la pimienta molida y el comino y mover con cuchara de palo; agregar el cilantro molido; sazonar y agregar una taza de agua bajar el fuego; tapar solo a medias, dejar cocinar por 40 minutos ;agregar las alverjas; cuando la carne este tierna; apagar el fuego y exprimir un limón Servir con arroz blanco y se pueden colocar unas tajadas de papas Sancochadas

CAU—CAU

Este plato es muy limeño y se prepara con mondongo de res.

INGREDIENTES

2 libras de mondongo limpio
4 dientes de ajos
Una cebolla grande
Una cucharadita de comino molido
Una cucharadita de pimienta molida
10 ramitas de yerba buena
Media taza de aceite
4 papas blancas, peladas y cortada en cuadritos chicos.
Una cucharadita de palillo en polvo
Sal a gusto

PREPARACION

Se sancocha el mondongo en agua con sal y 5 ramitas de yerba buena.
Una vez cocinado se saca del agua y se deja enfriar; luego picarlo en cuadritos.
A parte en una olla echar un chorrito de aceite; cuando este caliente, echar la cebolla picada en cuadritos, los ajos chancados; la pimienta y el comino molido cuando se esta friendo; agregar el palillo en polvo(turmeric) agregar una taza y media de agua; dejar hervir por 5 minutos ;agregar el mondongo cocido y picado junto con las papas crudas cortadas en cuadraditos, dejar cocinar, mover sazonar una vez que las papas esten cocinadas, agregar el resto de la yerba buena picadita ; por encima cau toda la olla.
Servir con arroz blanco.
Si desea puede acompañar este plato con una salsa de cebolla, aji picante, limón y aceite de oliva, queda muy bueno.

MONDONGO A LA ITALIANA

Para este plato se usa mondongo limpio de res.

INGREDIENTES

2 libras de mondongo de res
4 papas grandes
Una zanahoria
2 hojas de laurel
Una taza de alverjas
Una cucharadita de pimienta molida
Un tomate lavado y pelado y se exprime un poco para botar pepas.
Una taza de queso parmesano
Una latita de salsa de tomate
4 ramitas de yerba buena
Una taza de aceite
Sal a gusto.

PREPARACION

Sancochar el mondongo en agua con sal y toda la yerba buena; esta es para matar el olor fuerte de mondongo; una vez que el mondongo se haya cocinado se deja enfriar un poco; luego se corta en trocitos a lo largo (como para papas fritas); a parte se pelan y se lavan las papas, se cortan a lo largo y se dejan reposar sobre unas tohallas de papel (paper towels) para que absorban el agua que estas tengan.

En una olla se pone al fuego, con un chorrito de aceite, luego echar la cebolla picada en cuadritos chicos; los ajos chancados; la pimienta molida, el tomate picadito y las hojas de laurel; agregar el pimentón o paprika; mover con cuchara de palo; agregar la lata de salsa de tomate; mover bien; agregar una taza de agua; echar el mondongo cortado a lo largo; la zanahoria cortada larguita, la taza de alverjas, sazonar y dejar cocinar a fuego lento.

A parte se van friendo las papas y se ponen en un tazón; cuando la zanahoria esté tierna, agregar las papas fritas, mover y agregar el queso parmesano. Servir con arroz blanco.

MARIANA GRANDA

QUINUA ATAMALADA

La planta de la quinua es un vegetal oriundo del Perú, tiene muchos poderes alimenticios;especialmente para las personas que sufren de anemia; es bueno hasta para darle a los niños en el desayuno, como cereal cocido (avena).

INGREDIENTES

Medio paquete de quinua (esta la venden en las tiendas hispanas)
Una libra de carne de cerdo(parte de lomo)
2 cebollas
4 dientes de ajos
Una cucharadita de pimienta molida
Una cucharadita de cominos molido
2 cucharadas de aji colorado rojo (puede usar el chile ancho molido)
Una taza de mani molido.
Un vaso de vino tinto
6 ramas de cilantro bien lavado

PREPARACION

Comprar la quinua que sea bien blanca, lavarla bien y ponerla al fuego cuando este a medio cocinar; retirar la olla del fuego y colarla en coladera fina.
A parte poner al fuego una olla con un chorrito de aceite, agregar la cebolla bien picada,los ajos chancados, la pimienta molida, el comino molido y el aji colorado, mover y agregar la carne de cerdo picada en cuadritos medianos, mover y agregar 2 tazas de agua, dejar cocinar por una hora mas o menos a fuego lento, agregar la quinua a medio cocinar; sazonar con sal y dejar cocinar por 10 minutos mas; agregar el mani molido y medio vaso de vino tinto.
Servir con arroz blanco y adornar con cilantro picadito encima de la quinua.
Este plato es delicioso y ademas de nutrivo; les rinde mucho.

MARIANA GRANDA

PATITAS CON MANI

INGREDIENTES

2 patas de vaca(tambien se pueden utilizar 6 patitas de cerdo)
6 papas
Una cebolla grande
2 cucharadas de aji colorado (se puede utilizar chile ancho remojado molido)
Una cucharadita de pimienta molida
Una cucharadita de comino molido
4 dientes de ajos
Una taza de mani molido(comprar un paquete de mani con cascara y moler)
Media taza de aceite
Sal a gusto.

PREPARACION

Sancochar las patas de vaca en una olla grande y con abundante agua, mas o menos unas 2 horas; una vez cocidas, dejarlas enfriar; luego limpiar bien sacándole todos los huesitos y picarlas en cuadraditos; a parte lavar y picar las papas crudas tambien en cuadraditos.
Poner una olla al fuego y echar un chorrito de aceite, cuando este caliente echar la cebolla picadita en cuadraditos; los ajos chancados o molidos, agregar la pimienta molida,el comino molido y el aji colorado, mover; agregar 2 tazas de agua y agregar las patitas cocidas y picadas en cuadraditos; dejar hervir por unos10 minutos; agregar las papas picadas y dejar cocinar a fuego lento; mientras tanto puede ir moliendo el mani en la licuadora, asi solito y sin agua y echarlo en la olla de las patitas, dejarlo cocinar por 5 minutos mas. Servir con arroz blanco.
Aji Colorado: comprar el chile ancho, remojar, lavarlo, quitarle las semillas y ponerlos en la licuadora con un poquito de aceite, 2 ajos pelados y sal y moler utilizar solo 2 cucharadas para esta comida ; lo demas guardarlo en frasco de vidrio con tapa en la nevera; le dura mucho tiempo.

TRIGO PELADO GUISADO

INGREDIENTES

Una libra de trigo pelado o resbalado(se le conoce con estos 2 nombres)
Una cebolla de las rojas
4 dientes de ajos
Una cucharadita de pimienta molida
Una cucharadita de comino molido
Una cucharadas de aji colorado molido
Media lata de leche evaporada
Media libra de un buen queso fresco(yo prefiero fetta cheese)
6 huevos
Sal a gusto.

PREPARACION

Remojar en agua hervida el trigo, desde la noche anterior; al dia siguiente, cambiar el agua y hacerlo cocinar por media hora; colarlo.
Poner una olla al fuego con un chorrito de aceite, agregar la cebolla cortada en cuadraditos; los ajos chancados; la pimienta y el comino molido; mover, agregar una cucharada de aji colorado; agregar dos tazas de agua y el trigo medio cocido; dejar cocinar por una hora mas o menos, pero a fuego lento, moviendo constantemente para que no se pegue; si se pone un poco seco se le puede agregar una taza de agua hirviendo; ya cuando el trigo este cocido; se le puede agregar la media lata de leche evaporada y el queso fresco en trozos, apagar el fuego ;probar la sal; mover, servir con arroz blanco; se acompaña con huevos fritos.
Este plato tiene muchas vitaminas y es muy barato de hacer.

MARIANA GRANDA

ESTOFADO DE CARNE DE RES

Este es un plato de lujo;en mi pais normalmente se prepara en dia Domingo.

INGREDIENTES

2 libras de carne de cadera (o London broil)
2 cebollas
2 tomates pelados y picados menudos
Una zanahoria
Una taza de pasas
Media taza de aceite
4 dientes de ajos
2 hojas de laurel
Una latita de salsa de tomate
Media taza de hongos secos
Un vaso de vino tinto
Pimentón o paprika una cucharadita
Una cucharadita de pimienta molida
4 papas (que se sancochan)

PREPARACION

Cortar la carne en trozos mediados y se sazonan con sal y pimienta, dejar en un bolo o tazón.
Poner al fuego una olla con un chorrito de aceite y echar una cebolla cortada bien menuda, los 4 dientes de ajos molidos, mover todo bien; agregar la carne a dorar; agregar la pimienta molida y la paprika, mover y agregar el tomate pelado y picadito en cuadraditos(antes de picarlo hay que exprimirlo en la mano para botarle un poco de semillas); mover, agregar una lata de salsa de tomates las hojas de laurel y los hongos bien lavados; dejar cocinar por 20 minutos.

Agregar la zanahoria cortada en tajadas gruesas y las alverjas, mover y dejar cocinar, cuando estas verduras esten tiernas, agregar el vaso de vino tinto y una cajita de pasas ;sazonar, cuando la carne este tierna, retirar del fuego. Servir con arroz blanco y media papa sancochada por plato

EN LA MAYORIA DE MIS RECETAS, YO LES DOY CANTIDADES COMO PARA 6 PERSONAS, SI UD. TIENE MENOS PERSONAS SOLO UTILIZAR MENOS CANTIDAD EN TODO Y SI TIENE MAS PERSONAS AGREGAR MAS CANTIDADES DE LOS INGREDIENTES.

CARAPULCRA CON CARNE DE CERDO

INGREDIENTES

2 libras de carne de cerdo (parte de lomo)
Una bolsita de papa seca (la venden en las tiendas hispanas)
2 cucharadas de aji colorado molido
4 dientes de ajos
Una cebolla grande (de las rojas)
Media taza de aceite
Una cucharadita de pimienta molida
Una cucharadita de comino molido
2 libras de yuca
Un vaso de vino tinto
Una taza de mani molido (comprar el mani con cáscara que se vende en bolsas
y molerlo en la licuadora)

PREPARACION

El dia anterior se dora en una sartén la bolsita de papa seca, moviendo con una cuchara de palo;una vez dorado se echa en un tazón con suficiente agua a remojar toda la noche.
Pelar y moler el mani ;,ponerlos en una taza al costado.
Poner al fuego una olla grande un chorrito de aceite;echar la cebolla, picada bien menuda ;los ajos molido y la pimienta y el comino molido, mover, agregar el aji colorado y la carne de cerdo cortada en trozos; mover, agregar unas 3 tazas de agua; agregar la papa seca colada y bien, lavada; dejar cocinar por una hora y media, moviendo constantemente para que no se pegue; agregar el mani molido y el vaso de vino tinto,sazonar con sal y dejar hervir, por 10 minutos.
Este plato se debe cocinar solo a fuego lento y mover constantemente.
Servir con arroz blanco y con un trozo de yuca sancochada.
Este plato rinde bastante.

MARIANA GRANDA

Hace muchos años algunas personas usaban poner dentro de la olla mientras la papa seca se estaba cocinando, algunas rosquitas de manteca y empanaditas de dulce; dicen que para que tenga un mejor sabor; pero yo no hice nunca la prueba PAPA SECA: es la papa fresca que en la Sierra, acostumbran a guardarla en costales y secarla a la intemperie, con ese frio que suele hacer en las alturas luego la parten en trocitos y la traen a Lima, para su consumo.

COLIFLOR GUISADA

INGREDIENTES

Una Coliflor grande
Una pechuga de pollo
Una cebolla
4 dientes de ajos
Media taza de aceite
Un atado de cebollita china (scallion)
Un pimiento rojo
Una cucharadita de paprika
Una cucharadita de pimienta molida
3 cucharadas de soy sauce
Sal a gusto

PREPARACION

Picar la Coliflor en trozos chicos y dejarla escurrir en una coladera; picar la cebollita en trozos chicos de media pulgada mas o menos; lo mismo el pimiento cortarlo y dejar a parte.
Poner al fuego una olla, echar un chorrito de aceite y dejarlo calentar, agregar la cebolla picada en cuadritos y los ajos chancados, mover con cuchara de palo luego echar la pechuga de pollo cortada en cuadrados grandes; dejar freir agregar la pimienta molida y la paprika; agregar media taza de agua, mover para que el pollo se cocine, dejar cocinar por unos 20 minutos; agregar la coliflor picada y dejar cocinar por 10 minutos mas, mover con cuidado; agregar el soy sauce y la cebollita china (scallion) ademas de agregar el pimiento lavado y picado y apagar el fuego.
Se sirve acompañado de arroz blanco.

VAINITAS SALTADAS

INGREDIENTES

2 libras de vainitas frescas
2 huevos
4 papas grandes
Una cebolla
Un tomate
Una taza de aceite
Una cucharadita de pimienta molida
Una cucharadita de paprika
4 ramitas de perejil
Un aji verde (o banana chile)
Sal a gusto

PREPARACION

Se cortan las vainitas en tajadas diagonales y se ponen a cocinar, solo 10 minutos; se escurre el agua y se ponen en una olla, con aceite de oliva la pimienta molida, la paprika y la sal;echar los dos huevos crudos, mover bien para que no se pegue, sazonar y retirar del fuego.
A parte cortar las papas larguitas e irlas friendo en sartén; una vez fritas se van echando a la olla de las vainitas, hacer esto hasta que se frian todas las papas.
En otra sartén poner un poquito de aceite y echar la cebolla picada a lo largo luego el tomate y el aji verde tambien picados a lo largo, el perejil picadito sazonar y echar este encebollado sobre la olla de las vainitas y papas fritas.
Mezclar todo y servir con arroz blanco Este plato es muy nutritivo y económico.

VAINITAS GUISADAS

INGREDIENTES

Una pechuga de pollo
Una cebolla
4 dientes de ajos
Media cucharadita de pimienta molida
Una cucharadita de paprika
Media taza de aceite
2 libras de vainitas frescas
2 papas lavadas y picadas en cuadritos

PREPARACION

Picar la pechuga de pollo en cuadrados chicos, ponerlos dentro de un tazón y sazonar con sal y pimienta; dejar reposar.
A parte lavar y picar las vainitas en trocitos chicos e ir dejándolas en otro tazón.
Poner una olla al fuego con un chorrito de aceite, agregar la cebolla finamente picada y los ajos molidos o chancados;agregar la pimienta molida y la paprika; mover bien, agregar el pollo en trocitos y sazonar; agregar una taza y media de agua, echar las vainitas lavadas y cortaditas dejar cocinar; agregar las papas lavadas y cortada en cuadritos, sazonar y cocinar. por unos 10 minutos.
Se sirve con arroz blanco.

Este plato es muy nutritivo y cómodo.

TALLARINES EN SALSA ROJA CON CARNE

Este plato se puede hacer con carne molida o con un trozo de carne de caderas como tambien con pollo en presas.
Yo les hare la receta con carne y como siempre para 6 personas.

INGREDIENTES

2 libras de carne de cadera de res;(se puede cocinar en un solo trozo, como tambien se puede picar en trocitos;).
3 zanahorias
4 tomates lavados y pelados
Una hojas de laurel
4 dientes de ajos
Una cucharadita de pimienta molida
Una cucharadita de paprika
un vaso de vino tinto
Media taza de aceite
Una cebolla grande
Sal a gusto
Una cucharadita de adobo
Una caja de fideos de tallarin de una libra (o cualquier otro fideo)
Una latita de salsa de tomate/

PREPARACION

Poner una olla al fuego con un chorrito de aceite;echar la cebolla picada bien menudita; agregar los ajos chancados; agregar la pimienta molida, la paprika, el adobo; agregar la carne y mover bien hasta que todo se una; agregar el tomate,exprimido y picado sin piel; agregar la hojas de laurel y el vaso de vino, Bajar el fuego, rayar las zanahorias y echarlas, mover y sazonar, dejar cocinar por unos 40 minutos, moviendo a menudo; agregar la latita de salsa de tomate mover, bajar a fuego lento, probar la sal.
A parte poner una olla al fuego con suficiente agua con sal, cuando esta hierva echar un chorrito de aceite y los fideos; mover y dejar cocinar (el aceite y

la sal es para que los fideos no se peguen) bajar el fuego y dejar cocinar sin tapar la olla; una vez cocidos, colarlos y devolverlos a la olla; echar la mitad de la salsa sobre los fideos y mover; luego echar un poco de salsa en cada plato a la hora de servir.

Espolvorear con queso parmesano en cada plato.

FIDEOS EN SALSA VERDE O FIDEOS AL PESTO

INGREDIENTES

Una libra de fideos de cualquier clase
Un atado de albahaca
Un atado de espinacas
Una taza de aceite de oliva
Una taza de nueces
4 dientes de ajos
Una cebolla
Una taza de queso parmesano
250 gramos de queso fresco (yo uso el fetta cheese)
Sal a gusto.

PREPARACION

Poner al fuego una sartén con un chorrito de aceite de oliva; agregar la cebolla cortada en trozos ;agregar los ajos chancados, dejar freir hasta que la cebolla\
se ponga cristalina luego vaciar esto en la licuadora, agregar las hojas de albahaca bien lavadas y las hojas de espinaca previamente lavadas, dejar moler agregar un poquito de aceite de oliva; agregar las nueces; por ultimo agregar el queso fresco, sazonar y echarlo dentro de un tazón.
A parte poner al fuego una olla con agua y sal; cuando esta hierve, echar los fideos y un chorrito de aceite para que no se peguen; dejar cocinar con la olla destapada, mover de vez en cuando.
Una vez cocinados los fideos, colarlos bien y devolverlos a la olla, agregar un poquito de aceite de oliva, mover, agregar la salsa verde o pesto, mover para que quede uniforme;agregar un poquito de queso parmesano.
Servir espolvoreando mas queso parmesano en cada plato,.
Algunas personas gustan adornar este plato con vainitas sancochadas enteras como tambien un bisteck frito sobre los fideos.

FREJOLES

Antes, comer frejoles en mi Pais;era estar pobre del bolsillo ;pero hoy se ha convertido en un plato casi de lujo.

INGREDIENTES

Una libra de frijol canario o cualquier otro frijol
Un paquete de tocino ahumado(de esos que venden para desayunos)
Un paquete de huesos ahumados de cerdo
4 dientes de ajos
Una cebolla
Una taza de aceite
Una cucharadita de pimienta molida
Una cucharada de adobo
Una cucharadita de paprika
200 gramos de pellejo de cerdo sin grasa.

PREPARACION

Poner al fuego una olla con suficiente agua y alli poner el frijol el cual se habra remojado la noche anterior; cuando este de el primer hervor, colarlo y devolverlo a la olla en la cual se echa agua hirviendo;no le vaya a poner agua fria, de lo contrario los frijoles no se le van a cocinar jamás; bién, en esa olla de los frijoles agregar los huesos ahumados de cerdo(solo medio paquete)y dejarlo cocinar por una hora(déjelo sin tapar, no vaya a ser que esto se derrame) Agregar el pellejo de cerdo picado en trozos de regular tamaño.

Mientras en una sartén con aceite freir una cebolla picada bien fina, los ajos chancados, mover, agregar la pimienta molida, la paprika y el adobo, por ultimo agregar el tocino cortado a cuadritos chicos, dejar freir, mover y echar este refrito a la olla de los frejoles, el que estará cocido;dejar que hierva unos 5 minutos más para que el frijol tome el gusto del tocino ;sazonar, y servir con arroz blanco.

MARIANA GRANDA

Muchas personas acostumbran freir un churrasco o bisteck y lo ponen sobre los frejoles; otras personas ponen un trozo de pescado frito; pero muchas otras preparan una salsa de cebollas con aji, limón y aceite de oliva y sal, mover bien y con esto comen sus frejoles; pero de todas las formas, este plato queda muy rico.

ARROZ CON MARISCOS

INGREDIENTES

Una libra de arroz
Una libra de camarones
Dos calamares
Un pulpo
Un pimiento rojo
4 dientes de ajos
Una cebolla
Una taza de aceite de oliva
Una taza de alverjas
Medio paquete de cilantro
Una cucharadita de pimienta molida
Una cucharadita de paprika
Una libra de scallops
Sal a gusto.

PREPARACION

Cocinar el pulpo por media hora; luego limpiarlo y cortarlo en anillos grandes limpiar los calamares y tambien cortarlos en anillos grandes; los camarones y scallops, mantenerlos por separado.

Poner al fuego una olla con un chorrito de aceite, echar una cebolla picada bien menuda, agregar los ajos chancados, la pimienta molida, la paprika; mover bien cuando la cebolla se pone transparente echar 2 tazas de agua, agregar el calamari cortado en anillos grandes ya que este se encoge al cocinarse, sazonar con sal y dejar hervir,agregar el arroz lavado y bajar el fuego e ir controlando que no se pegue; ir echando un chorrito de aceite de oliva por encima del arroz agregar el resto de los mariscos es decir, los camarones, los scallops, el pulpo cocinado y picadito y dejar granear; una vez que el arroz este cocido; agregar el pimiento picado en tiras y el cilantro picadito.

Este plato queda delicioso.

MARIANA GRANDA

ARROZ CHAUFA

INGREDIENTES

Una libra de arroz
Una libra de carne de cerdo asada
2 paquetes de cebollita china (scallion)
4 huevos
Una taza de aceite
Una botellita de soy sauce

PREPARACION

Se lava el arroz y se cocina sin sal, solo con un chorrito de aceite de oliva, este debe de quedar bien graneado; a parte hacer una tortilla con los 4 huevos cuando este lista,cortarla en pedazos y echarla a la olla del arroz; agregar la carne de cerdo asado cortada en tiritas y la cebollita china, cortada menuda rociar con soy sauce a gusto; mover bien para que todo se una.
Servir caliente.
En mi caso yo cocino el arroz chaufa, o arroz chino, o arroz frito; solo cuando me toca asar una pierna de cerdo; al dia siguiente lo que me queda del cerdo Lo pico bien chiquito y lo uso en el arroz chaufa.
El arroz una vez hecho, se frie en una sartén con aceite de oliva, alli se le pone el cerdo, la cebollita china y el soy sauce.
Algunas personas le echan un puñado de frejolito chino (bean sprouts) Y se revuelve bien.

ARROZ TAPADO O ARROZ RELLENO

INGREDIENTES

2 libras de arroz
Una taza de aceite de oliva
4 dientes de ajos
Una libra de carne de cerdo (molida)
2 cebollas
Una cucharadita de pimienta molida
Una cucharadita de paprika
5 ramas de perejil
10 aceitunas
4 huevos (duros)
Un pimiento rojo
Una cajita de pasas
Sal a gusto.

PREPARACION

Se cocina el arroz con los ajos fritos, que quede bien graneado(ejm: 3 tazas de arroz = 3 tazas de agua).
A parte se pone al fuego una olla con un chorrito de aceite, se agrega la cebolla picada menudita, los ajos chancados y se deja freir; se agrega la carne de cerdo molida, la pimienta y la paprika, se deja cocinar, moviendo constantemente, para que no se pegue; por ultimo agregar los huevos duros picaditos, el pimiento rojo y las aceitunas bien picadito; agregar el perejil picado sazonar, agregar una cajita de pasas y servir.

Para servir se toma una taza de loza de regular tamaño y se le echa media taza de arroz blanco, se agrega un par de cucharadas de este picadillo y se rellena con mas arroz, esto se presiona bien y se voltea sobre el plato.

SUGERENCIA: si se desea antes de echar el arroz en la taza, echar primero un poquito de perejil picado, luego echar el arroz y todo lo demas y asi voltear la taza, esta queda con un adorno de perejil encima.
Es solo cuestion de ideas.

ASADO DE CARNE

Por el tiempo que se toma en preparar este plato,en mi pais se hace por lo regular solo en dia domingos o feriados.

INGREDIENTES

Un trozo de carne de asado de 3 libras,como tambien" london broil."
Una cucharada de maizena
Una cebolla
Una zanahoria
4 dientes de ajos
Una cucharadita de cominos molido
2 hojas de laurel
Una rama de apio
Un vaso de vino tinto
Una cucharadita de pimienta molida
Sal a gusto

PREPARACION

Moler los ajos bien, agregar el comino,la pimienta y la sal; cuando este bien mezclado, echarlo sobre un tazón, agregar el vino y aqui poner la carne entera para que el condimento le penetre; con la ayuda de un cuchillo, hacerle perforaciones en la carne a lo largo y alli se debe de introducir las zanahorias cortada a lo largo; si tambien desea puede introducir trocitos de tocino crudo dejar marinar por una hora.

Poner al fuego una olla con un chorrito de aceite, cuando este caliente, poner el trozo de carne a dorar, ir volteándole para que se dore por todo lado, echarle 2 tazas de agua, además de agregar el condimento donde se marinó la carne agregar 2 hojas de laurel y la rama de apio lo mismo la cebolla y dejar cocinar a fuego lento por espacio de 2 horas; se sabe si ya esta listo cuando se pincha la carne con un tenedor y no le sale sangre.

Se sacan las hojas de laurel y la rama de apio; a parte se disuelve la maizena con un poquito de agua fria y echarla a la olla de la carne, moviendo,esto es para espesar el jugó; se sirve con arroz blanco.
Algunas personas gustan poner rodajas de papas Sancochadas

BISTECK APANADO CON PAPAS FRITAS.

INGREDIENTES

6 piezas de bistecks,de carne de cadera o tapa (son suaves)
Media cucharadita de pimienta molida
4 dientes de ajos
Una taza de aceite
3 huevos
6 papas

PREPARACION

Sazonar todos los bistecks con sal y pimienta, luego batir los 3 huevos y echar los bistecks dentro del batido.
A parte pelar y lavar las papas y cortarlas en forma larguita ; freirlas en aceite una vez que se han frito todas papas, se empiezan a freir los bistecks.
Para freir los bistecks, se tiene que poner en una fuente o depósito grande un poco de pan rayado(lo venden en latas)sacar el bistecks del huevo batido y meterlo dentro del pan molido, ambos lados y ponerlos en la sartén, primero un lado y luego voltearlo y freirlo por ambos lados y asi freir todos.
Servir con arroz blanco y un poco de papas fritas.

Hay personas que les gusta poner un par de huevos fritos en cada bisteck.

CANELONES RELLENOS DE SESOS

Este plato se hace en caso de tener una cena especial en casa.

INGREDIENTES

Un seso de vaca
10 atado de espinacas
Una taza de aceite de oliva
4 dientes de ajos
2 tomates
Una taza de queso parmesano
Media cucharadita de pimienta molida
Una cebolla
Una caja de una libra de fideos de Canelones
2 huevos(para ser batidos)

PREPARACION

Se lavan las espinacas y se ponen a sancochar en poca agua con sal, el seso lavarlo y arrancarle todas las telitas y pellejitos que este trae,y se sancocha; luego se muele con la ayuda de un tenedor.
En una sartén se echa un chorrito de aceite, cuando este caliente echar la cebolla picada menuda, agregar los ajos molido, la pimienta molida, los tomates limpios y pelados y bien picaditos, cuando todo esté frito, agregar el seso chancado, las espinacas molidas y un poco de queso parmesano y los huevos batidos, echarlos de uno en uno;unir todo bien y dejar enfriar, no sin antes probar la sal.
A parte poner una olla al fuego con regular agua y sal;cuando esta hierva ir echando los canelones de uno en uno, agregar un poquito de aceite para que los fideos no se peguen, dejarlo cocinar al diente(no recocinado) Escurrirlos y ponerlos en una fuente;espolvorear con queso parmesano.
Rellenar cada uno de estos canelones con la masa de espinaca y sesos que se preparó, e irlos acomodando en una fuente para horno, espolvorear con más queso parmesano, agregar unos trocitos de mantequilla y rocear con aceite de oliva.
Ponerlos a horno moderado por unos 15 minutos.

LENTEJAS

Este plato es muy exquisito; además tiene muchas vitaminas y proteinas;es económico y fácil de preparar.

En el Perú se acostumbra a preparar en casi todos los hogares este plato de lentejas en cada dia lunes; hablo solo de Lima.

INGREDIENTES

Una libra de lentejas
Una cebolla finamente picada
Una taza de aceite
Media cucharadita de pimienta molida
4 dientes de ajos
Huesos ahumados de cerdo.
Sal a gusto.

PREPARACION

Lavar bien las lentejas y ponerlas en una olla con agua al fuego, solo para que de un hervor ;colar y dejar a parte.

En otra olla limpia echar un chorrito de aceite, poner al fuego y echar la cebolla los ajos chancados, la pimienta molida y dejar freir por un ratito, agregar una taza de agua y las lentejas coladas tambien los huesos ahumados de cerdo y dejar cocinar mas o menos por una hora, hasta que la lenteja se ponga tierna sazonar con sal; servir con arroz blanco.

Se puede acompañar con ensalada; o con carne frita; o con un trozo de pollo Esto ya es a gusto de la persona.

MARIANA GRANDA

PESCADO ARREBOSADO

Para hacer el pescado arrebosado, es preferible comprar el pescado en filetes Y cuidar de que no tenga espinas, en especial flounder o tambien el cod.

INGREDIENTES

6 filetes de flounder fish
2 huevos
Media cucharadita de pimienta molida
Sal a gusto
Una taza de harina
Una taza de aceite
Unas ramitas de perejil.

PREPARACION

Preparar los filetes con sal y pimienta.
Poner la sartén al fuego con aceite, esperar a que caliente, a parte batir bien los huevos, primero clara y luego incrementar las yemas, agregar el perejil picadito sazonar con sal a gusto.
A parte en una fuente plana, echar harina de trigo y desparramarla;tomar uno de los filetes meterlo dentro del huevo batido, escurrirlo y pasarlo por la harina que esta en la fuente, de alli se pone dentro de la sartén que ya está caliente, se frie por un lado, luego se voltea a que se fria por el otro lado.
No vaya a voltearlo, cuando no esta bien frito, porque el pescado se quiebra.
Asi se van friendo todos los filetes ;se debe aumentar el aceite en el tercer filete mas o menos.
Este pescado arrebosado, se puede servir con arroz blanco y ensalada.
Queda delicioso.

PURE DE ESPINACAS

INGREDIENTES

10 paquetes de espinacas
Media taza de harina de trigo
Una taza de queso parmesano
Una taza de mantequilla
Una lata de leche evaporada
6 bistecks de cadera o cualquier parte que sea suave.

PREPARACION

Limpiar y cocinar las espinacas con poca agua y un poquito de sal; luego licuarlas bien y ponerlas en un tazón.
En una olla limpia hacer una salsa blanca.
Echar aqui la espinaca molida y mover bien para que todo se una.
Servir con arroz blanco y un bisteck frito o apanado encima

Salsa blanca

En una olla limpia echar la taza de mantequilla; cuando esta empiece a derretirse se va echando gradualmente la harina, moviendo constantemente, con cuchara de palo, agregar un chorrito de agua y el tarro de leche evaporada, mover bien ;una vez lista esta salsa, agregar el queso parmesano y retirar del fuego; cabe destacar que esta salsa blanca se cocina en fuego lento, ya que es muy fácil de pegarse en la olla.

PICANTE DE MONDONGO

INGREDIENTES

2 libras de mondongo limpio
Una libra de queso parmesano
Medio pan blanco de molde (pan de barra o pan para sandwichs)
Una lata de leche evaporada
Una cebolla picada bien menuda
Una taza de aceite
Una cucharada de aji amarillo molido
4 huevos
4 dientes de ajos
5 ramitas de perejil
Una taza de agua fresca.

PREPARACION

Remojar el pan de molde en la lata de leche y la taza de agua.
Cocinar el mondongo en agua y una vez frio cortarlo en tiras, no muy finas.
A parte en una olla, echar un chorrito de aceite, agregar la cebolla picada bien menuda, los dientes de ajos chancados, la pimienta molida y la sal y mover continuamente; agregar el pan remojado en leche el que se habrá exprimido antes y pasado por la licuadora, mover bien y al ultimo echar el mondongo cocinado y picado en tiritas, sazonar y no dejar de mover para que no se pegue. Agregar el aji.
Cocinar este plato a fuego bien bajo ; agregar el queso parmesano, retirar del fuego.
Servir con arroz blanco y adornar con huevos duros en rodajas y una ramitas de Perejil fresco.

CANELONES EN SALSA DE CARNE

INGREDIENTES

Una caja de fideos de Canelones
Una taza de aceite
4 huevos duros
2 cebollas
Sal a gusto
3 ajos
2 tomates grandes, sin piel y picado bien menudo.
Media cucharadita de pimienta molida
5 ramas de perejil picado
3 atado de espinaca
Medio pan de molde, remojado en leche
Una taza de queso parmesano
Una libra de carne molida de res,sin grasa.

PREPARACION

Poner al fuego una olla grande con suficiente agua, con un poquito de sal,cuando esta hierva echar los canelones de uno en uno y agregar al agua un poquito de aceite para que los fideos no se peguen ;mover con cuidado para que los fideos no se partan, dejar cocinar sin tapar la olla, para que no se derrame; cuando los fideos esten al diente; colarlo y enjuagarlos; se escurren bien y echarlos sobre una fuente; se le salpica aceite de oliva por encima.
A parte poner una olla al fuego con un chorrito de aceite, agregar toda la cebolla finamente picada, agregar los ajos chancados, la pimienta molida, dejar freir, agregar los tomates pelados y picados y la espinaca cocida y picadito; agregar la carne molida, los huevos duros bien picadito, el pan remojado y exprimido, sazonar y mover bien; con este picadillo, se va rellenando cada fideo de canelón y se van acomodando en una fuente de horno (pyrex) rociar con queso parmesano y pedacito de mantequilla; poner la fuente con los fideos al horno por media hora. Se sirve dos Canelones y un cuchara de salsa de carne encima, ademas de rociar un poquito de queso parmesano.
Queda delicioso

SALSA ROJA DE CARNE

INGREDIENTES

Una libra de carne molida de res
2 cebollas grandes
Una libra de tomates
2 zanahorias
Una latita de salsa de tomates
2 hojas de laurel
Una cucharadita de paprika
Una cucharadita de pimienta molida
3 dientes de ajos
Sal a gusto
Una taza de aceite
Un vaso de vino tinto
Una cajita de hongos picadito

PREPARACION

Poner una olla al fuego, echar un chorrito de aceite, agregar las cebollas picadas bien menuda, los ajos molido, la pimienta molida y la paprika, mover bien; agregar los tomates pelados y picados bien menudos y sin pepas.

Agregar la hojas de laurel y la carne molida, agregar las zanahorias limpias y rayadas, la lata de salsa de tomates; sazonar con sal, agregar el vaso de vino tinto; bajar el fuego y echar los hongos picaditos y dejar cocinar por unos 20 minutos.

Al servir los Canelones, 2 o 3 por plato se le echa un medio cucharón de esta salsa encima y se le rocia con queso parmesano.

Esta salsa se usa tambien en cualquier tipo de fideos.

ARRIMADO DE COL

INGREDIENTES

Una col grande
Una libra de queso fresco(de esos de cocinar)
Una cebolla
4 dientes de ajos
Una cucharadita de paprika
Media taza de aceite
Media cucharadita de pimienta molida
Sal a gusto

PREPARACION

Lavar y picar toda la col bien menudita y hacerlo hervir, por solo 5 minutos no mas de eso, escurrirla y dejarla en la coladera.

A parte poner una olla al fuego y echar un chorrito de aceite, echar la cebolla picada en cuadritos pequeños; agregar los ajos molido, el pimentón o paprika y la pimienta molida; sazonar con sal, dejar freir un poco; luego ir echando la col de a pocos; dejar cocinar por otros 10 minutos.

Cortar el queso fresco en cuadrados grandes y echarlos a la olla, apagar el fuego apenas se eche el queso.

Servir con arroz blanco.

COL SALTADA

INGREDIENTES

Una col grande
Una libra de carne de cerdo molida
Media taza de aceite
Una cebolla grande
4 dientes de ajos
Una cucharadita de pimienta molida
Una cucharadita de paprika
Soy sauce
Sal a gusto

PREPARACION

Lavar y cortar la col bien menudita y hacerlo hervir por solo 10 minutos
colarla y dejarla escurrir un buen rato.
A parte poner al fuego una olla grande con un chorrito de aceite, cuando
caliente agregar la cebolla picada en cuadritos pequeños, los ajos chancados,
la pimienta la paprika, agregar la carne de cerdo molida; sazonar con sal,
mover bien y dejar cocinar la carne por otros 10 minutos más; agregar la
col semi-cocinada mover bien, rociar con soy sauce y dejarlo cocinar por 5
minutos más.
Servir con arroz blanco.

PAPAS RELLENAS

Este es un plato muy delicioso y que a algunas personas no les sale bién pero que es muy fácil de hacer; pués aqui les va mi manera de prepararlas.

INGREDIENTES

2 libras de papas
4 huevos (3 se sancochan para el relleno)
Medio pomo de aceitunas (
Una cajitas de pasas
Una libra de carne molida (sin grasa)
2 cebollas grandes
3 dientes de ajos
Una cucharadita de pimienta molida
Una cucharadita de paprika
Una taza de harina de trigo
4 ramitas de perejil
Aceite para freir (2 tazas)

PREPARACION

Las papas bien lavadas, se sancochan junto con los 3 huevos.
Una vez cocinadas las papas, se pelan y se machucan ya sea con un tenedor o con un prensapapas, cuando se pongan tibias, se le echan la sal y el huevo crudo, se amasa bien para que todo se una y se deja reposar.
A parte se pone una olla al fuego con un chorrito de aceite, cuando este caliente, se echa la cebolla bien picadita, los ajos molidos, la pimienta molida la paprika y la carne molida; sazonar con sal y mover bien; agregar los 3 huevos duros bien picaditos, las pasas y las aceitunas cortadas en pedacitos; por ultimo agregar el perejil cortado bien menudo PARA FREIR LAS PAPAS Poner en una sartén un poco honda una taza de aceite y ponerla al fuego ponerse harina de trigo en las manos; poner en la mano izquierda una cuchara de masa de papa, aplastarla con la otra mano, luego poner una cucharada del relleno sobre la papa de la mano,cerrarla y con ambas manos

darle la forma alargada tratando de cubrir todo el relleno; poner esta papa ya rellena en la sartén esperar a que se dore para darle vueltas y asi ir friendo todas Estas se pueden comer solas con salsa de cebollas y aji ;como tambien con arroz y ensalada de paltas, o ensalada de lechuga y tomates.

MARIANA GRANDA

OLLUQUITOS CON CARNE

Los ollucos son unos vegetales que semejan a las papas; ellos crecen debajo de
la tierra;son muy ricos y tiene un sabor especial; estos se cocinan con charqui,
que es una carne de carnero seca y salada; la cual se produce en las Serranias
Peruanas, pero por desgracia, aqui no llegan estas carnes secas, por lo tanto
yo, particularmente; los preparo con carne y queda igual de sabrosos.
Aqui, los ollucos se consiguen en latas, en las bodegas latinas ;tambien los
venden frizados;.los de lata son mejores.

INGREDIENTES

3 latas de ollucos enteros
Una libra de carne de res, parte de cadera o tapa (carne suave)
Una cebolla
4 dientes de ajos
Una cucharada de aji colorado
Una cucharadita de pimienta molida
Una cucharadita de comino molido
6 ramitas de perejil fresco
Sal a gusto.

PREPARACION

Los ollucos se lavan y se cortan a lo largo; luego en diagonal, quedan
delgaditos Poner al fuego una olla con un chorrito de aceite, agregar la cebolla
finamente picada en cuadritos, los ajos chancados, la pimienta y el comino
molido y el aji colorado, mover, agregar la carne picada bien chiquita, mover
y dejar a fuego lento solo por 10 minutos; agregar los ollucos picaditos,
sazonar con sal; agregar una taza de agua, poner encima el perejil picadito
y dejar cocinar por unos 20 minutos más o menos.
Servir con arroz blanco.

NOTA: para picar el olluco, primero partirlo a lo largo y sacar 4 partes; esas
partes, picarlas en diagonal.

MARIANA GRANDA

LENGUA GUISADA AL VINO

INGREDIENTES:

Una lengua de res
2 cebollas
3 tomates
4 dientes de ajos
2 hojas de laurel
Una cucharadita de orégano
Una cucharadita de pimienta molida
una taza de alverjas
Una zanahoria picada en rodajas
4 papas
Un vaso de vino tinto
Una latita de salsa de tomates
Media taza de aceite
Sal a gusto.

PREPARACION

Poner la lengua a hervir en suficiente agua, bien lavada, que hierva por unos
15 minutos, sacarla y dejarla reposar un ratito; luego con la ayuda de un cuchillo pelarla bién (le sale como una cascarita) luego cortarlo en tajadas en forma diagonal.
A parte poner una olla al fuego, con un chorrito de aceite, echar la cebolla picada en cuadritos bien menudos y dejar freir, agregar los ajos chancados y la pimienta molida, mover bien, agregar los tomates pelados y picados y sin semillas, mover agregar las hojas de laurel y la salsa de tomates,sazonar; agregar la lengua cortada y el vaso de vino, agregar la zanahoria y las alverjas y dejar cocinar a fuego lento, hasta que la lengua se cocine bien; si la salsa se seca un poco se le puede agregar una taza de agua hervida y dejar cocinar. Se sirve con arroz blanco y unas tajadas de papas sancochada.

POLLO A LA BRASA ESTILO PERUANO

Mucho se habla del pollo a la brasa estilo Peruano;el cual es muy rico, Pero habia muchos celos para dar la receta;pues no hace mucho tiempo yo tuve la suerte de conseguirla y aqui les va:

INGREDIENTES

Uno o dos pollos enteros de acuerdo a las personas que se van a servir.
Una cucharadita de pimienta molida
Una cucharadita de comino molido
10 dientes de ajos
Sal a gusto
Una botella de cerveza negra
Una cucharada de orégano
Unas ramas de romero (aqui se le conoce como Rosemary)
Un chorrito de vinagre blanco
50 gramos de mantequilla
Una botellita de soy sauce.

PREPARACION

Chancar el romero, el orégano y los ajos y juntar en un tazón, agregar la mantequilla, la cerveza negra y el soy sauce ; mover bien;introducir los pollos uno a uno, bien limpios, sobarlos con este condimento, por todo sitio y dejar marinar por una hora; luego sacarlos y ponerlos en una parrilla de brasas y dejarlo dorar por ambos lados; el pollo se corta en dos para facilidad de cocimiento.
Tambien venden unas parrillas que dan vuelta automáticamente y son de carbón y el pollo queda cocinano por todo sitio y bien doradito.
Yo lo hago en mi parrilla simple de carbón y me queda muy bien, pero se demora mucho.
Este pollo dorado se sirve con papas fritas y ensalada de lechuga y tomates
Hoy Perú, esta vendiendo unos barriles, que son especiales para asar pollos
Como tambien partes grandes de cerdo como por Ejm: una pierna de cerdo
y Queda delicioso.ahora se le llama" pollo al barril"

ADOBO DE CERDO

Este plato se hace cuando toda la familia esté reunida, en dia domingo.

INGREDIENTES

Una pierna de cerdo o 4 libras de carne cerdo parte de lomo.
Una botella de vinagre rojo
4 dientes de ajos
Una cucharadita de pimienta molida
Una cucharadita de comino molido
una taza de aji colorado
3 yucas enteras
Una cebolla
Un limón
Una cucharada de aceite de oliva.

PREPARACION

La noche anterior se hace una mezcla dentro de un tazón con toda la botella de vinagre rojo y se le agregar la pimienta, el comino, los ajos chancados y una cucharita de sal; mover bien, e introducir la carne de cerdo y dejarla marinar toda la noche.
Al dia siguiente, se le saca del remojo y se le unta por todas partes con el aji colorado y ajos molido y un poquito de sal y se pone al horno por una hora.
Cuando la carne este cocida, se le saca y se corta en tajadas y se sirve con arroz blanco y un trozo de yuca sancochado y una salsa de cebollas.

SALSA DE CEBOLLAS

Poner en un tazón una cebolla picada en tajadas a lo largo, echarle jugó de limón, aji verde picado en rodajas, agregar sal y aceite de oliva, mover bien y servir.

LOMO DE CERDO SALTADO

INGREDIENTES

2 libras de carne de cerdo parte de lomo
2 cebollas
2 tomates
Un aji verde
Una taza de vinagre
3 dientes de ajos
Una libra de papas
Un ramito de perejil
Una taza de aji colorado
Una cucharadita de pimienta molida
Una cucharadita de cominos molido.

PREPARACION

La carne de cerdo se adoba por media hora, con la taza de vinagre, los ajos molidos,el aji colorado, la pimienta,el comino y la sal; despues de media hora se escurre y se pone en un plato.
A parte se pone una olla al fuego con un chorrito de aceite, cuando este bien caliente se echa la carne de cerdo picada en trocitos largos, dejar dorar, agregar la cebolla cortada a lo largo,los tomates pelados y picados y sin pepas;agregar el aji cortado en tajadas y el perejil picado,sazonar con sal;agregar una cucharada de vinagre ;servir con arroz blanco y unas rodajas de papas sancochadas.
Nota: el aji verde, se encuentran en las tiendas hispanas.

MARIANA GRANDA

ARROZ CON CAMARONES

INGREDIENTES

2 libras de camarones crudos
Una botellita de cerveza
Un limón
2 cucharadas de aji colorado
Una cucharadita de pimienta molida
Una hojas de laurel
Una cebolla cortada bien menuda
3 tazas de arroz
Un pimiento rojo cortado menudo
Una taza de hongos picados menudos
Una lata chica de pimientos morrones

PREPARACION

Lavar bien los camarones; escurrirlos en una coladera, ponerlos en un tazón, agregar la botellita de cerveza; el jugó del limón, la sal, la pimienta;y la hojas de laurel, póngalo al fuego, que de solo, un hervor de solo 5 minutos; luego saque solo los camarones con la ayuda de la espumadera y conserve el liquido.

Ponga otra olla al fuego, eche un chorrito de aceite, agregue la cebolla picada los ajos chancados, el aji colorado, deje freir, cuando este frito agregue el liquido donde se cocinó los camarones; agregue el arroz bien lavado; los hongos; los pimientos picados bien finitos, sazone y mida el agua; si le faltara agua, se le puede agregar media taza de agua; cuando el arroz esté graneando, agregar los camarones y los pimientos morrones; el fuego debe de estar bien bajito rociar con aceite de oliva.
Este arroz debe de quedar bien graneado.

PIMIENTOS RELLENOS

Hay dos formas de preparar este plato:
a) a la olla con carne molida.
b) al horno con atun(tuna)

INGREDIENTES (A)

6 pimientos tamaño mediano
2 tajadas de pan de molde
Una taza de leche fresca
Una cebolla finamente picada
Un huevo
Una libra de carne molida
4 ramitas de perejil
Un tomate pelado y picadito
Una cucharadita de pimienta molida
Una cucharadita de paprika
Media taza de aceite de oliva
Una cucharadita de nuez moscada
Sal a gusto

PREPARACION

Remojar el pán en la leche, a parte poner una olla al fuego; echar un chorrito de aceite; echar la cebolla finamente picada, la pimienta, la paprika y la carne molida, dejar freir y retirar del fuego; echar este aderezo en un tazón, dejando la cuarta parte en la olla; agregar al tazón el pan remojado en leche bien desmenuzado; el huevo ligeramente batido; sazonar bien y con esto se van rellenando los pimientos, a los que se le quitan las pepas y las venas por la cabeza y se pasan por agua hervida antes.
Una vez que todos los pimientos esten rellenos, se van acomodando en la olla y se pone al fuego lento; se le agregar una media taza de agua y se deja cocinar Por 15 minutos mas o menos.
Se sirve con arroz blanco.

MARIANA GRANDA

INGREDIENTES (B)

6 pimientos de medio tamaño
2 latas de atun
200 gramos de queso mozarella
Una taza de leche fresca
4 tajadas de pan de molde
2 tomates pelados y picados bien menudos
Una cebolla
Un huevo
Media taza de aceite
4 ramitas de perejil
Una cucharadita de nuez moscada
Media cucharadita de pimienta molida.

PREPARACION

A los pimientos se les corta un trocito de la cabeza como si fuera un sombrerito por alli se le sacan las pepas ;los pimientos se pasan por agua caliente, se escurren boca abajo; y se prepara el relleno:

En un tazón se remoja el pan en la leche; a parte poner una olla al fuego con un chorrito de aceite; agregar la cebolla picada bien menuda, la pimienta,el perejil los tomates y picados finamente; sazonar, agregar la nuez moscada y las latas de atun; agregar el pan remojado en leche bien triturado y el huevo batido;retirar del fuego,mover,sazonar bien y con esto rellenar los pimientos.
Una vez rellenos los pimientos, acomodarlos, en una fuente pyrex; se les pone encima el queso mozarella bien picadito, rociar con aceite de oliva y meterlos al horno moderado por 20 minutos.

Se sirven calientes.

PEPIAN DE CHOCLO (MAIZ TIERNO)

INGREDIENTES

8 choclos grandes (maiz tierno)
Una libra de carne de cerdo
2 cebollas
2 tomates
2 ajies frescos (pueden ser banana chili)
Una latita de salsa de tomate
Media taza de aceite
Una cucharadita de pimienta molida
Sal a gusto.

PREPARACION

Los choclos bien lavados, se raspan y luego se licuan.

A parte poner una olla al fuego con un chorrito de aceite, agregar la cebolla picada finamente; la carne de cerdo cortada en trozos; los ajos chancados;la pimienta molida, sazonar, mover para que no se pegue; agregar los tomates pelados y picados y sin pepas; agregar la salsa de tomate ;mover; agregar los ajies enteros y sin pepas; agregar los choclos licuados; mover, agregar una taza de agua y dejar cocinar por 20 minutos.

Servir con arroz blanco.

MARIANA GRANDA

FRICASE DE GALLINA O DE POLLO

INGREDIENTES

Una gallina o un pollo grande
2 zanahorias
Una cabeza de apio
2 cebollas
4 dientes de ajos
Una barrita de mantequilla
4 ramas de perejil
Media taza de harina de trigo
Una lata de alverjas
Un tomate
Sal a gusto

PREPARACION

Lavar y cortar la gallina o el pollo en trozos, ponerlos en agua hirviendo en un litro de agua, agregar la cebolla entera; los ajos chancados, las zanahorias enteras, los tomates, la cabeza de apio; sazonar y dejar cocinar.

una vez que la carne de la gallina esté tierna; sacar las presas y acomodarlas en una fuente.

A parte, poner una olla al fuego y se le echa una barrita de mantequilla, dejar calentar; ir echando la media taza de harina en forma paulatina, moviendo constantemente con una cuchara de palo, para que no se hagan grumos; ir echando de a pocos, el caldo de gallina; seguir moviendo;, sazonar con sal; mover hasta formar una salsa espesita; con esta salsa bañar las presas de pollo; adornar la fuente con las zanahorias cortada a lo largo, el apio en ramas y la lata de alverjas.

Servir con arroz blanco.

Si se desea se puede echar a esta salsa, una caja de hongos bien lavados y cortada chiquitos, esto les da un sabor muy delicioso.

CROQUETAS DE CARNE

INGREDIENTES

Una libra de carne molida de res.
Una libra de carne molida de cerdo
Una barrita de mantequilla
Medio pan blanco de molde
Dos tazas de leche fresca
Dos cucharadas de harina de trigo
2 huevos
Una taza de aceite
Una lata de salsa de tomate
Media cucharadita de pimienta molida
Sal a gusto.

PREPARACION

Poner a remojar el medio pan de molde en la leche fresca; después que se remojó, colarlo y mezclarlo con las carnes molida de cerdo y de res; agregar los huevos batidos; la pimienta molida y la sal, mover todo muy bien;luego con las manos formar unas bolas medianas e irlas friendo en aceite caliente.

A parte poner en el fuego una olla con una lata de salsa de tomates; ir echando de a pocos,las 2 cucharadas de harina de trigo y la barra de mantequilla; agregar la pimienta molida y la sal.

Meter las bolas de carne fritas dentro de esta salsa roja y dejarlas hervir por unos 5 minutos.

Servir con arroz blanco.

NOTA:

Tambien se puede acompañar estas bolas de carne o croquetas con brócoli, coliflor, o vainitas cocinadas en baño de maria.

VAINITAS EN SALSA BLANCA

INGREDIENTES

2 libras de vainitas frescas
Media taza de harina de trigo
3 tazas de leche evaporada
Media cucharadita de pimienta molida
Una taza de queso parmesano
Sal a gusto

PREPARACION

Las vainitas se lavan,se limpian y se cortan menudas y se ponen a sancochar con agua y un poquito de sal; una vez sancochado, se escurren y se dejan en un tazón.
A parte se pone una olla al fuego, se le echa una barrita de mantequilla, luego se va echando la harina de a pocos, ir moviendo con cuchara de palo, se va agrégando la leche de a pocos, siempre moviendo para que no se formen grumos; agregar la pimienta molida,sazonar, en esta salsa echar las vainitas cocinadas, mover, agregar el queso parmesano y dejar en fuego lento solo Unos 3 minutos.
Servir con arroz blanco.

ARROZ BLANCO

Mi Madre solia decir" se conoce a la persona que sabe cocinar muy bien, Cuando hace muy buen arroz y cuando sabe freir huevos"

Aunque parezca mentira, hay que tener mucho cuidado, para que ambas cosas salgan bien.

YO,POR EJEMPLO ME HICE CARGO DE COCINAR EN MI CASA, A LA EDAD DE 12 AÑOS ERAMOS 6 EN TOTAL(MI PADRE Y MIS 4 HERMANOS) (MI MADRE TRABAJABA TODO EL DIA) CUANDO YO LLEGABA DEL COLEGIO, ERAN LAS 5.30PM, Y SOBRE LA MESA DE LA COCINA ENCONTRABA LOS INGREDIENTES PARA COCINAR Y UNA HOJAS DE PAPEL ESCRITA CON LO QUE TENIA QUE COCINAR Y COMO HACERLO; DESDE EL COMIENZO TODO ME SALIA BIEN MENOS EL ARROZ

;algunas veces le ponia poca agua y el arroz me salia crudo, horrible y dificil de comer;otras veces le ponia mucha agua y otra vez el arroz era malo, se pegaba y asi nadie lo aceptaba;hasta que por fin aprendi.

Hay muchas maneras de hacer arroz blanco;aqui les va la mia ;

INGREDIENTES

Una libra de arroz
Media taza de aceite
4 dientes de ajos
Sal a gusto

PREPARACION

Poner al fuego una olla con un chorrito de aceite, echar los ajos chancados y dejarlo freir, agregar el arroz bien lavado y dejarlo freir, moviendo ; agregar la Sal y ponerle el agua (2 tazas de arroz + 2 tazas de agua)el agua será igual a la misma cantidad del arroz; tapar solo la mitad de la olla; dejar cocinar a fuego lento, cuando toda el agua se consuma o evapore, mover con la ayuda de un tenedor, ir echando por encima el aceite que quedó y dejar cocinar por 15 minutos mas.

Queda delicioso

ESTOFADO DE GALLINA O DE POLLO

INGREDIENTES

Una gallina grande
2 tomates
2 cebollas
Una hojas de laurel
Una cajita de pasas
Una libra de alverjas (se pueden usar las frizadas)
4 dientes de ajos
2 zanahorias
Media cucharadita de pimienta molida
Un vaso de vino tinto
5 papas arenosas (de cáscara roja)
Media caja de hongos
Sal a gusto.

PREPARACION

La gallina se corta en presas y se pone a marinar en un tazón con sal y pimienta.
A parte poner una olla al fuego, echar un chorrito de aceite, alli poner las cebollas cortada muy menudas, agregar el ajo chancados y la pimienta molida y dejar freir;agregar los tomates pelados y cortada menudos los hongos lavados y cortada, sobre este aderezo echar los trozos de gallina mover,agregar una taza de agua y dejar cocinar por una hora mas o menos, cuando la gallina esté tierna, agregar el vaso de vino,las zanahorias picadas en rodajas, las alverjas, las pasas,sazonar con sal, agregar la hojas de laurel y cocinar por otros 15 minutos más.
Se sirve con arroz blanco y papas sancochadas en rodajas al costado.

TALLARINES SALTADOS CON CAMARONES

El Perú tiene una ascendencia oriental; ya que hace muchos años hubo mucha Inmigración de personas de China, como tambien de Japón, quedándose a vivir para siempre y teniendo más descendientes en Perú; por otro lado, los jovenes se casaban con chicas Peruanas formandose las familias Peruano-China o Peruano-Japonesas;de tal manera que se empezaron a variar las comidas y hoy dentro de la Gastronomia Peruana, hay muchos platos con ascendencia China y Japonesa.
Este es un plato con ascendencia China:

INGREDIENTES

Una libra de fideos de tallarines delgados
2 libras de camarones pelados crudos
2 cebollas
2 tomates
Una cucharadita de pimienta molida
Una cucharadita de paprika
Un pimiento rojo
Un pimiento verde
Un atado de cebollita china (scallion)
Una taza de soy sauce
Sal a gusto.

PREPARACION

Lavar y limpiar bien los camarones y escurrirlos en coladera, luego ponerlos en un tazón a marinar con una taza de soy sauce, pimienta molida y sal.
Entretanto poner una olla al fuego con suficiente agua para sancochar los fideos echar un poquito de sal y un chorrito de aceite para que los fideos,no se peguen, recien cuando el agua hierva se echan los fideos y dejar cocinar con la olla destapada, ya que estos tienden a rebalsar.
A parte poner al fuego una olla con un chorrito de aceite, cuando este caliente echar los camarones, mover con cuchara de palo, para que se cocinen todos

por Igual, agregar la cebolla cortada a lo largo, los tomates, los pimientos, la paprika, la sal, mover y dejar freir por 2 minutos mas, agregar la cebollita china, mover.

colar los fideos cocidos y echarlos en una fuente, sobre estos fideos echar la salsa de los camarones que acaba de hacerse;se puede rociar con soy sauce Por encima; este plato Queda delicioso. Se puede adornar el plato con trozos de Brócoli, cocinados en baño de maria.

AJI DE MONDONGO

La cocina Peruana, no tiene límites, su sazón y sus sabores, son como su gente: una joya tanto en la Gastronomia,como todos sus pobladores, muy hospitalarios.

INGREDIENTES:

2 libras de mondongo limpio
Una taza de queso parmesano rayado
Medio de pan blanco de molde, sin corteza
Una lata de leche evaporada
Una taza de agua
Una cebolla cortada finamente en cuadritos
Una taza de aceite
4 ajies verde molidos, sin venas ni pepas
4 dientes de ajos
3 huevos duros
6 aceitunas
2 cucharadas de perejil picado
Media taza de nueces.
Sal y pimienta a gusto.

PREPARACION

Lavar y sancochar el mondongo; cuando este cocido cortarlo en tiras largas y ponerlos al lado;a parte remojar el pan en la leche y el agua(mezclar los dos) una vez remojado, pasarlo por la coladera, exprimirlo antes, ponerlos en un lado; el aji se muele en la licuadora junto con los ajos(antes se sofrie un poquito en sartén).
Poner una olla al fuego con un chorrito de aceite, agregar la cebolla cuidando de que no se tueste, agregar el aji molido en la licuadora con el ajo y las nueces; agregar el pan remojado en la leche, exprimido y licuado, sazonar con sal y pimienta; al ultimo echamos el mondongo cortado en tiritas y

MARIANA GRANDA

dejarlo cocinar solo por 10 minutos sin dejar de mover, agregar el queso parmesano y mover,sacar del fuego.

Se sirve con arroz blanco y se adorna este plato con rodajas de huevo duro y una aceitunas, y una ramita de perejil.

Es un plato muy agradable.

AJIACO DE PAPAS

El ajiaco de papas es una comida que se prepara en toda la América del Sur, por supuesto con ciertas variaciones;pero el ajiaco Peruano,es uno de los más ricos por la calidad de sus quesos que el Perú produce que son muy agradables.

INGREDIENTES:

Una libra de papas Sancochado y trituradas(no machucadas)
300 gramos de queso fresco
3 huevos
Una cebolla cortada en cuadritos chicos
2 cucharadas de ajos molidos
Una taza de leche evaporada
Una cucharada de aji amarillo molido
Una cucharada de perejil picado
Un cubito de caldo de carne
Sal y pimienta a gusto
Aceite de oliva.

PREPARACION

Poner una olla al fuego con un chorrito de aceite, agregar la cebolla, los ajos, la pimienta y el aji amarillo molido, mover, agregar una taza de agua, agregar las papas cocidas ytrituradas, mover bien, cocinar a fuego lento;por solo 15 minutos agregar la leche y el queso desmenuzado Retirar del fuego; probar la sal.
(muchas veces no se necesitan echar sal,pues el queso ya tiene suficiente) Servir con arroz blanco, adornar con medio huevo duro y ramita de perejil.
Este plato es bien comodo para hacer y es muy nutritivo y además Agradable.

SALSA DE MANI

Perú tiene una infinidad de salsas para acompañar los diferentes platos de comidas; para, carnes; para pescados y mariscos,para papas y choclos;todas ellas son muy deliciosas: aqui les va una de ellas.

INGREDIENTES

12 ajies verdes sin venas ni pepas y pasados por agua caliente
150 gramos de mani tostado.
250 gramos de queso fresco
Una taza de aceite de oliva
Una taza de leche evaporada
Sal y pimienta al gusto.

Preparación

Una vez limpios los ajies, echarlos en la licuadora, ligeramente cocidos, para quitarles el picante(si desea bien picante, no los cocine) agregar el mani pelado; el queso la pimienta, poner en marcha la licuadora;probar la sal; ir echando el aceite de a pocos, hasta optener una buena consistencia.
Rectificar la sal.
Esta salsa es deliciosa !

ARROZ "ARABE-PERUANO"

Este arroz se prepara especialmente en la noche víspera de Navidad, para comerlo con el lechón y las ensaladas.

INGREDIENTES:

4 tazas de arroz
4 tazas de agua
Una taza de pasas
250grm de tocino cortado en tiritas largas.
Una taza de aceitunas de botija(la venden en pomos) reservar el agua.
50gms de fideos de cabello de angel.
Sal a gusto.

PREPARACION

Poner una olla al fuego con un chorrito de aceite y echar los ajos molidos, dejar Freir, agregar el arroz lavado, freirlo un poquito, echar las 4 tazas de agua, dejar cocinar a fuego lento, si el arroz necesitara de mas agua, se le puede agregar Pero de a poquitos, se usará el líquido de las aceitunas; agregar las pasas sazonar, agregar las aceitunas, dorar bien el tocino e incorporar al arroz, en ese aceite donde se doró el tocino, se doran los fideos partidos en dos, bajar el fuego hasta que el arroz empiece a granear.
Antes de servir, echar por encima de la olla del arroz 2 cucharadas de mantequilla y mover bien.

CHITA AL SIYAU

INGREDIENTES:

2 tazas de caldo de pescado
4 chitas limpia de una libra cada una (poggys)
Una cucharada de kion picado(ginger—o gengibre)
2 hongos remojado y picados larguitos
Media taza de siyau(soy sauce)
4 cucharadas de aceite de ajonjoli
Una taza de scallions cortado en Juliana
2 ajies limo, sin pepas cortado en Juliana (se puede usar el chili habanero)
Sal y pimienta al gusto.

PREPARACION

Sazonar los pescados con sal y pimienta y cocinar a vapor por 10 minutos.
Retirarlos en una fuente y reservar el agua.
En una sartén honda ponerla al fuego y echarle las 2 tazas de caldo de pescado
agregarle los hongos picadito, y el siyau(soy sauce) Dejar hervir hasta que se
reduzca a la mitad; cuele y reserve.
Poner al fuego una sartén y eche el aceite de ajonjoli, agregue el kion en
Juliana la cebollita china, el aji limo o chili habanero cortado en rajitas y
sin pepas.
Servir de la siguiente manera: poner los pescados en una fuente y encima
echar todo lo que se frio en la sartén sobre los pescados, finalmente rociar
por encima con más aceite de ajonjoli. servir caliente Se puede acompañar
con arroz blanco.

SUDADO DE MERO

(SE PUEDE USAR EL KING MACKAREL—FISH)

INGREDIENTES

2 libras de pescado king mackarel
Una cebolla chica, picada en cuadritos chicos
2 cucharadas de aji amarillo molido
Una cebolla grande cortada en Juliana
4 tomates cortado larguitos
2 aji verde, cortado en Juliana (lo venden en las tiendas hispanas)
4 tazas de caldo de pescado
2 tazas de chicha de jora (la venden en las tiendas hispanas)
Una yuca cocinada cortada en palitos
Media taza de cilantro picadito
Un aji rocoto (lo venden en tiendas hispanas) o cualquier otro aji picante.

PREPARACION

Cortar el pescado en filetes y condimentar con sal y pimienta y dejarlo a un lado.

Poner olla al fuego con un chorrito de aceite y echar la cebolla picada a cuadritos,el aji molido, el ajo molido; agregar los filetes de pescado; la cebolla en Juliana; el tomate cortado larguito; el aji verde cortado en Juliana y la chicha de jora; agregar el caldo de pescado, la yuca cortada en palitos, sazonar con sal y pimienta y el culantro picadito, tapar y dejar cocinar a fuego lento por 10 minutos, probar la sal, sacar del fuego.

Servir en plato Hondo ya que bien jugoso; adornar con rodajas de rocoto.

TACU—TACU

El tacu-tacu; plato que aprendi a hacerlo por mi Padre; este es un plato típico Limeño y se prepara cuando el dia anterior se cocinó arroz con frejoles y quedó demasiada comida ;se hacen con frejoles canarios o frejoles negros. Hoy los restaurantes especialmente preparan los frejoles y arroz blanco y ellos preparan su tacu-tacu sin esperar las sobras del dia anterior

INGREDIENTES:

Arroz
Frejoles
Una taza de aceite de oliva
Una cebolla grande picada en cuadritos muy finos
4 dientes de ajos
Un aji verde entero, sin pepas ni venas.
Carne de bisteck.

Preparación

Poner una sartén grande al fuego con un chorrito de aceite de oliva, agregar una cebolla cortada en cuadritos pequeños, agregar 4 dientes de ajos chancados dejar freir,mover, agregar un aji verde antes se soaza en la candela u hornilla sazonar con un poquito de sal ;agregar los frejoles y el arroz sobrantes ;agregar un poquito de aceite de oliva, mover y formar un enrollado; el aji verde soazado,le da un gusto especial.

Acompañar este plato con un bisteck apanado.

Queda muy agradable.

PESCADO A LO MACHO

Este es un plato que se cocina en el horno.

INGREDIENTES

600 grm de pescado en filete
4 ajies amarillo molido
Una cebolla
Un tomate
Un vaso de vino blanco
Una latita de pasta de tomate
3 cucharadas de mantequilla
Un tercio de taza de pan rayado
Una cucharada de perejil picado
Una cucharada de harina
4 dientes de ajos
Sal y pimienta a gusto

PREPARACION

En una fuente de pyrex,acomodar las cebolla picada larguita, el tomate picado de igual forma, el perejil picadito, sobre esta cama acomodar los filetes de pescado; agregar el vino rociándolo por todo lado, condimentar con sal y pimienta y los ajos molidos; poner en el horno, hasta mirar que los filetes de pescado esten cocidos; sacar del horno y agregar la pasta de tomate y la mantequilla derretida mezclada con un poquito de harina y los ajies amarillos molidos, hacer una salsa con todo esto, vierta esta salsa sobre los filetes, espolvorea el pan rayado sobre todo y coloca otra vez en el horno por 10 minutos.

Servir caliente y con arroz blanco.

Este plato es muy conocido y delicioso en el Peru;dado de que Perú produce una gran cantidad y diversidad de pescados, los platos hechos con pescado son muchos.

INGREDIENTES

Un tomate grande
Dos cebolla grande
4 dientes de ajos
Media cabeza de apio
Sal y pimienta a gusto
2 cucharadas de harina de chuño
3 cabeza de pescado(preparar un caldo, hervir con un poco de verduras)
Un pulpo
6 calamares
12 choros
12 conchas de abanico
Una libra de camarones frescos
Una libra de langostinos
6 caracoles
6 cangrejos
Un vaso de vino blanco
Media taza de culantro picadito
Sacar el coral de los camarones
Una cucharada de aji colorado especial.

PREPARACION

Sancochar el pulpo por media hora; limpiarlo bien.
A parte poner una olla al fuego con un chorrito de aceite agregar la salsa de cebolla (cebolla, apio, tomates, ajos, todo licuadora juntos)mover;agregar el aji colorado y el coral de los camarones, mover agregar el pulpo picadito en cuadrados, el calamar cortado en cuadrados, agregar los choros bien

lavados, las conchas de abanicos, los langostinos enteros, los caracoles y los cangrejos;por ultimo agregar el vaso de vino blanco, el caldo del pescado (5 tazas mas o menos) y el chuño disuelto en agua;tambien el aji colorado especial; mover servir esparciendo culantro picadito, adornar con tajadas de aji picante.

MARIANA GRANDA

PAPAS A LA DIABLA

INGREDIENTES

Una cebolla grande
4 dientes de ajos chancados
Una cucharada de paprika
dos cucharadas de aji amarillo molido(lo venden en las tiendas hispanas)
6 papas sancochadas
Media taza de aceite de oliva
300 grms de queso fresco (yo prefiero el fetta cheese)
Unas ramas de perejil
una taza de agua
Sal y pimienta a gusto.

PREPARACION

Poner al fuego una olla con un chorrito de aceite, echar la cebolla cortada a la pluma, los ajos chancados,el aji especial o la paprika; mover bien, agregar lapimienta molida, mover, todo esto se tiene que cocinar a fuego lento;agregar las papas de una en una pero se les va estrujando con la mano, a la hora de echarlas a la olla, agregar el aji amarillo molido; apenas esto comienza a hervir, retirar del fuego; agregar el perejil picadito y el queso fresco, cortado en cuadrados.

Servir con arroz blanco y huevo frito encima.

Este plato queda simple delicioso y el costo es cómodo.!

ROPA VIEJA

Yo recuerdo que este plato lo hacian en mi casa cuando yo era una niña.

INGREDIENTES

2 libras de carne de pecho
2 cebollas grandes
Un pimiento rojo
3 tomates
3 dientes de ajos chancados
Un aji verde picado en redondelas
Una cucharada de pasta de tomate
Un cubito de carne
Sal y pimienta a gusto
Media taza de aceite de oliva
3 ramas de apio
Una zanahoria

PREPARACION

Limpiar la carne y ponerla a sancochar con verduras para sacar un caldo;retirar del fuego cuando la carne esta cocida ;esperar a que enfria y cortar la carne en flequitos chicos.
Poner una olla al fuego con un chorrito de aceite, agregar la cebolla cortada a la pluma, agregue el aji verde cortado, los tomates cortado pequeños, agregar la salsa de tomates y mover;agregar la carne, los ajos chancados, la pimienta molida, la sal, mover agregar el pimiento cortado en cuadrados;dejar cocinar solo por 5 minutos, agregar el cubito de carne Si se desea agregar una lata de garbanzos ya cocidos.
Servir con arroz blanco.

SALPICON DE CARNE

INGREDIENTES

2 libras de carne de costilla o falda de res
Una cebolla cortada a la pluma
2 tomates (uno cortado en cuadritos)
Un aji verde cortado en rodajas
Media taza de aceite de oliva
Un limón
Unas ramas de perejil picadito
3 dientes de ajos molidos
Media taza de vinagre rojo
Sal y pimienta a gusto
6 papas Sancochada y cortada en cuadros
Una lechuga
3 ramas de apio(para hervir con la carne)
una zanahoria (para hervir con la carne)

PREPARACION

Hacer hervir la carne bien lavada, agregar las ramas de apio, la zanahoria y
el tomate lavado y pelado.
Cuando la carne esta tierna, dejar enfriar y luego cortarlo bien menuda y
ponerla en un tazón.
A parte picar la cebolla a la pluma, el aji verde cortado en rodajas, los ajos
chancados, sazonar con sal y pimienta, mover; incorporar el tomate picadito,el
perejil, rociar con el jugó de limón,la media taza de vinagre y la media taza
de aceite de oliva; echar la carne picadita y mezclar bien, dejar macerar por
unos minutos y agregar las papas sancochadas cortada en cuadros.
Servir con arroz blanco y adornar con hojas de lechuga.

Colar el caldo y puede ponerle fideos de cabello de angel o sémola.
Esta es una comida muy deliciosa y nutritiva.

QUINUA CON QUESO

INGREDIENTES

Una taza de quinua(se encuentran en las tiendas hispanas)
Una taza de leche evaporada
Una lb. de papas(sancocharlas)
Media taza de aceite de oliva
Una cebolla picada en cuadritos
3 dientes de ajos chancados
Una barrita de mantequilla
Media taza de salsa de tomate
2 ajies verdes picados, sin venas ni pepas
Unas ramas de cilantro picadito
2 tazas de queso rayado(gruyere o pecorino romano)
Sal y pimienta molida a gusto.
Media taza de aji colorado especial(puede usar el chile ancho, molido)

PREPARACION

Lavar la quinua muy bien, escurrirla y ponerla a hervir con solo 2 tazas de
agua por 5 minutos o menos,colarlo y de nuevo hacerlo hervir con agua
nueva por otros 5 minutos más, echarle la leche y ponerla a un lado.
A parte cocinar las papas con agua con sal,para que no se abran; una vez
cocidas, pelarlas y picarlas en cuadrados.
A parte poner al fuego una olla con el aceite de oliva y la barrita de
mantequilla agregar la cebolla picada fina y los ajos molidos, dejar freir,
agregar la salsa de tomates; el aji picado y el cilantro picadito y el aji colorado;
mezclar todo bien.
Incorporar la quinua que estaba esperando, agregar las papas picadas y agregar
el queso rayado y probar la sal; echar todo esto en un molde engrasado (PAM)
Llevarlo al horno de 350 grados, pero antes cubrir toda la superficie con más
queso rayado, mantener en el horno hasta que el queso se derrita.

Se sirve cortando en tajadas.

MARIANA GRANDA

CHICHARRON DE PULPO

INGREDIENTES

2 pulpos grandes
2 cucharadas de soy sauce
Media cucharada de mostaza
4 huevos bien batidos
2 cucharadas de leche
2 tazas de harina cernida
Sal a gusto
Una cucharadita de pimienta molida
2 tazas de aceite

PREPARACION

Poner una olla grande al fuego con la mitad de agua, cuando esta hierva se sumergen los dos pulpos y una papa cruda; el pulpo estará listo cuando la papa ya se cocinó;una vez cocido el pulpo, sacarlo del agua, escurrirlo bien y cortar en piezas de 5 cm. mas o menos y dejar a un lado.

A parte en un tazón, batir bien los huevos, cuando esten batidos, agregar la mostaza,el soy sauce,la pimienta,la sal y meter alli el pulpo cortado en trozos a macerar por unos 20 minutos, escurrir el pulpo en un colador y pasar los trozos por harina; mientras tanto poner al fuego una sartén con aceite;cuando esté caliente,freir los trozos de pulpo hasta que se pongan crocantes escurrir sobre papel tohalla y servir caliente.

Se puede acompañar con mayonesa o salsa de aji picante.
Queda delicioso!!!!!!!!!!!

TALLARINES A LA HUANCAINA

INGREDIENTES

2 libras de fideos de tallarines delgados
10 ajies verdes, sin venas ni pepas(para que no pique mucho)
Una taza de leche evaporada
350 grms de queso crema
2 dientes de ajos
Sal y pimienta al gusto
6 choclos desgranados y cocidos
2 huevos duros picadito menudos.
200 grms de queso fresco "fetta"

PREPARACION

Poner una sartén al fuego con aceite y echar los ajies pasados por agua caliente
agregar la cebolla y los ajos picadito, la pimienta, cuando este sofrito este
listo, vaciarlo en la licuadora y agregar la leche, los quesos, probar la sal;si
le queda muy espeso se le puede agregar una taza de agua hirviendo, seguir
batiendo.
En una olla grande cocinar los fideos con suficiente agua con sal para que
los fideos no se peguen, una vez esten al dente (no recocinados) colarlos y
volverlos a la olla limpia, alli echar el licuado del aji con los quesos, agregar
la mitad del choclo desgranado,reservar la otra mitad para después.
Se sirve en el plato una porción de fideos y se adorna con más choclitos y
huevo duro picadito muy chiquito.
Este plato queda muy agradable.

CEVICHE PERUVIAN STYLE

INGREDIENTS

3 lbs of white fish
15 limes
3 large onions finaly sliced
3 hot peppers sliced
2 cloves ground garlic
2 lbs cooked sweet potatoes
4 cooked ears of corn
Salt and pepper to taste
Lettuce leaves
Coriander 10 pieces

PREPARATION

Clean fish and removes skin and bones.
Cut into a small pieces, place in a bowl and cover completely with the limes
juice add salt, pepper and hot pepper and garlic; mix all well.
Wash onions,drain and add to the fish and mix.
Let it cook for 20 minutes.
Add some pieces of coriander Serve on platters and garnish with sliced sweet
potatoes, pieces of corn and lettuce leaves.
Delicious!

CAU-CAU (TRIPE) PERÚ STYLE

INGREDIENTS

2 lbs fresh and clean tripe
1 cup olive oil
2 lbs white potatoes diced
1 lb onions finally chopped
1 table spoon hot yellow ground pepper
3 cloves ground garlic
Medium tablespoon palillo (turmeric)
2 spoon finally chopped parsley
1 spoon finally chopped mint
Salt and pepper to taste

PREPARATION

Cook the tripe in water until tender.
Cut in small pieces.(squares) Put a pot in the stove with s small amount of olive oil, fry onion, hot pepper,groung garlic, turmeric,add salt,pepper and mint finally chopped; add tripe and 2 cups of water in wihch tripe was cooked.
Mix well, add the diced popatoes,let it boiled until is cooked, and all the liquid Is evaporated.
Serve with white rice and garnish with choped parsley.

POTATOES—HUANCAYO STYLE—PERÚ

INGREDIENTS

2 lbs white potatoes
1 lbs white fresh cheese
6 hards boiled eggs
1 tablespoon ground hot pepper
Salt and pepper to taste
1 cup olive oil
1 cup evaporated milk
1 teaspoon lemon juice
12 ripe olives
1 hot pepper cut in a fine strips
1 tablespoon finally chopped parsley
Lettuce leaves.

PREPARATION

Wash and cook the potatoes; peel them and arrange in a serving dish.
Put together in to the blender cheese,2 boiled eggs yolks, add salt, pepper
add the milk, the oil, and the lemon juice little by little. add the ground
pepper cover the potatoes with this sauce, and garnish with the hot pepper
in a strips and the hard boileds eggs cut in a pieces and the olives.
Garnish with lettuce leaves

GRATED CORN—LIMA

INGREDIENTS

6 ears corn
1 lb pork meat
1 cup olive oil
3 cloves ground garlic
2 onions finally chopped
1 tomato peeled and chopped
1 teaspoond ground hot pepper
3 cups water
1 teaspoon parsley
Salt and pepper to taste

PREPARATION

Grated the corn.
Place a pan in a fire, with small amount of olive oil, and fry meat cut in pieces, until brown, add salt and pepper, stir.
Them add onion,garlic, tomatoes,hot pepper, and parsley.
add water and bring to boil, them add corn and stir constantly until cooked.
Serve with rice.

PESCADO SUDADO

El pescado es uno de os alimentos más sanos y nutritivos;posee vitaminas y minerales; ayuda a combatir el cholesterol y mejora la circulación de la sangre.

Es recomendable comer pescado, por lo menos una vez por semana.

INGREDIENTES

2 libras de pescado (puede ser Haddock;Tuna; Cod u otro similar.)
3 tomates
3 cebollas de las rojas
3 cucharadas de aji colorado (sin picante—puede ser chile ancho molido)
4 dientes de ajos Un aji verde (puede ser Banana chili)
Un limón
Unas ramas de cilantro picadito
Un trozito de kión (Ginger o Jenjibre)
Una cucharadita de pimienta molida
Sal a gusto.

PREPARACION

Cortar el pescado en trozos cuadrados tamaño mediano y macerarlo con sal y pimienta y el kión chancados mas el jugó del limón dejarlo a un lado.

Poner en la licuadora un tomate pelado y casi sin pepas; una cebolla grande y licuar todo muy bien.

Poner una olla al fuego con un chorrito de aceite, freir la otra cebolla cortada a lo largo; los tomates cortado larguitos; agregar el aji colorado(chile ancho molido) Agregar la cebolla y tomates licuados; una vez que hierva todo; se coloca los trozos de el pescado en la olla y sobre ellos se acomoda la cebolla,tambien se agrega el jugó de la maceración y se deja cocinar por 5 minutos más.

Apagar el fuego,agregar el cilantro picadito y el aji verde cortado en tiritas. Servir con arroz blanco.

QUINUA A LA JARDINERA

La sabiduria de los Incas Peruanos, les izo utilizar la quinua, como uno de los principales alimentos, por su alto valor nutritivo;rico en proteinas y vitaminas Es muy necesario en la mesa diaria tanto en niños como en ancianos.

INGREDIENTES

2 tazas de quinua
2 papas
2 zanahorias
Una taza de vainitas
Una taza de alverjitas
5 dientes de ajos
Media taza de aceite
Una cebolla, picada en cuadritos
Una cucharadita de pimienta molida
Sal a gusto
Una cucharadita de paprika
Un cubito de pollo o carne.

PREPARACION

Lavar bien la quinua y se pone a cocinar, en 3 litros de agua, por 20 minutos a fuego lento.
A parte poner una olla al fuego con un chorrito de aceite, agregar la cebolla los ajos chancados, la pimienta molida y la cucharadita de paprika; a este aderezo añadir las alverjas; las vainitas picadas ; las zanahorias y las papas picadas en cuadritos chicos.
Agregar 2 tazas de agua y se deja hervir; hasta que esten cocidas las papas y las zanahorias; a esta mezcla se le agrega la quinua cocinada y colada y se deja que granee.
Sazonar con sal y echamos un cubito de carne o pollo.

Se puede comer sola o acompañado de arroz blanco.

MARIANA GRANDA

Bueno, yo les prometi darles algunas recetas de postres

Y aqui se los entrego,quizá en mi segunda edición,les de

más recetas de comidas,exitantes y deliciosa, ya que en Perú

por la cantidad de paises Europeos que han migrado, se ha

hecho una gran combinación de platos foráneos con platos

de la cocina peruana ejm comida China;la comida Española

La comida Italiana, la Israelita, la Suiza;la Alemana;La Arabe

como tambien la Africana y muchas otras más;a todas esta

diversidad de comidas y sazones es lo que le da ese sabor

especial que tiene la comida Peruana.

Esto tambien se refiere a la reposteria; hay un conjunto de

dulces exóticos y muy ricos, que son una combinación de la

reposteria Europea con la Peruana.

ALFAJORES CON DULCE DE LECHE

Este es un antojito Limeño, es muy delicioso y aceptado en todas partes y puede hacerse en varios tamaño.

INGREDIENTES(PARA EL DULCE DE LECHE)

Poner a hervir una lata de leche condensada en bastante agua por 2 horas y dejar enfriar.

Para las tapas de los alfajores:

Una taza de harina de trigo
3 tazas de maizena
3 barritas de mantequilla
Un huevo
6 cucharadas de azúcar blanca
Media taza de agua de anis (hacer un te, con una bolsita de anis.)
Azucar en polvo (una taza)

PREPARACION

Cernir en un colador la harina, la maizena y el azúcar, poner todo en un tazón agregar la margarina,amasar bien con la mano, agregar el huevo y seguir amasando, ir echando el agua de anis por poquitos; conforme se vaya amasando, se va conociendo que la masa ya esta lista, porque ya no se pega en las manos;cortar la masa en dos partes, e ir estirando la masa en una tabla enharinada y con la ayuda de un rodillo al que tambien se le frota con harina Ir cortando unos discos de medio centimetro de espesor y ponerlos a horno regular por 20 minutos; para esto se usan unos moldes de aluminio que son muy comodos;sacarlas con cuidado y dejarlo enfriar; una vez frios, rellenar con este dulce de leche(abrir la lata cuando este fria, de lo contrario el dulce salta, y puede provocar un accidente) Bañarlos en azúcar en polvo e irlos acomodando en una dulcera.

NOTA: no trate de rellenar los discos, cuando esten calientes, porque se le van a romper.

BUDIN DE SEMOLA (FARINA)

INGREDIENTES

4 tazas de leche
250gramos de sémola o farina (nombre de USA)
2 cajitas de pasas o media caja grande
3 huevos
400 gramos de azúcar
Un limón
100 gramos de mantequilla

PREPARACION

Se hierve la leche con la rayadura del limón y 250 gramos de azúcar ;se agrega la sémola o farina, moviendo con una cuchara de palo para dulces se agrega la mantequilla, las pasas y las yemas y las claras bien batidas.
A parte con el resto del azúcar se hace un caramelo en el molde que se va a utilizar; dentro de este molde acaramelado, se echa la sémola cocinada y se pone al horno en baño maria, por una hora mas o menos.
Dejar reposar antes de cortar.
Se corta como el budin de pan,en tajadas.

BIZCOCHO DE PIÑA

INGREDIENTES

Una lata de piña en rodajas
4 huevos
Una libra de harina de trigo
250 gramos de mantequilla
Media libra de azúcar
6 cucharadita de polvo de hornear (Royal)
Una taza de jugó de piña (la que viene en la lata con las rodajas.)
Una taza de leche
Una taza de azúcar (,para hecer el acaramelado del molde)
100 gramos de mantequilla (,para hecer el acaramelado del molde.)

PREPARACION

Se bate la mantequilla con el azúcar, se agregan las yemas de los huevos, enseguida el jugo de la piña y la leche; seguir batiendo, se agrega la harina, el polvo de hornear y las claras bien batidas.
A parte se hace el acaramelado con los 100 gramos de azúcar y la mantequilla echar este caramelo en el molde, donde se va a hacer el bizcocho.
se van acomodando en el fondo del molde sobre el caramelo, las tajadas de piña; luego encima se echa la preparación; esto se pone en el horno regular por una hora; se desmolda cuando este tibio.
Este bizcocho se hace en molde bajo.

CAKE DE VAINILLA

INGREDIENTES

3 tazas de harina
4 huevos
Una taza de azúcar
200 gramos de mantequilla
Una taza de leche
Una cucharadita de vainilla
4 cucharadas de polvo de hornear
2 cajas de pasas
100 gramos de nueces.

PREPARACION

Se baten las yemas de los huevos, junto con el azúcar, hasta que quede cremosa,se agrega la mantequilla disuelta; la harina se cierne junto con el polvo de hornear y tambien se agrega, lo mismo la leche y la vainilla; por ultimo se baten bien las claras y se agregan; luego las pasas y las nueces se pasan por harina y tambien se aumenta.
Tomar el molde donde se va a hacer cake y rociarlo por dentro con aceite en spray (PAM) todo el contorno y el fondo y aqui se vacia el batido del cake; se le pone al horno moderado, por una hora más o menos.

PAM_ es un aceite en spray que se usa para engrasar moldes y hacer reposteria, es muy bueno.

PIONONO

Este postre es como un enrollado y es muy rico;pero es fastidioso de hacer les cuento que yo lo hice una sola vez en mi vida y me lo enseño una prima hermana de mi esposo, su nombre: Maria Campos Salazar.

INGREDIENTES

3 huevos
Media taza de azúcar en polvo
2 cucharadas de harina de chuño
Una cucharadita de polvo de hornear
2 cucharadas de harina
Una cucharadita de vainilla
Una lata de leche condensada.

PREPARACION

Se hace hervir una olla grande, con suficiente agua y se pone la lata de leche condensada, por casi 2 horas, se deja enfriar.

Se baten bien los huevos hasta que se pongan espumosos; se agrega el azúcar y se sigue batiendo; se agrega la vainilla y las harinas cernidas, junto con el polvo de hornear; todo se une bien., Se usa un molde chato; este se forra con papel grasa o papel manteca bien forrado, aqui se echa la masa y se pone al horno de 350grados, por solo 15 minutos.

Se prepara una servilleta limpia y húmeda, en la cual se espolvorea el azúcar en polvo; aqui se desmolda el cake; dentro del cual se rellena con toda la lata de leche condensada que se hizo hervir con anterioridad; se enrolla y se espolvorea con azúcar en polvo.

Este postre es muy rico y sirve para un te de amigas en la tarde.

MARIANA GRANDA

TOFFEE DE NUECES

Aqui en USA, se les conoce como Caramels, son delicioso.

INGREDIENTES

3 tazas de azúcar(de preferencia azúcar marrón o Brown sugar)
Una lata de leche evaporada
100 gramos de mantequilla
Una taza de nueces picadas
Una pisca de sal
Una cucharada de rayadura de naranja

PREPARACION

Poner al fuego una cacerola con el azúcar, hasta que esta tome un color dorado; agregar la mantequilla y retire del fuego; cuando la mantequilla este derretida echar la leche de a pocos, una pizca de sal y la rayadura de naranja y ponerla al fuego nuevamente, sin dejar de mover; hasta que tome punto de bola blanda agregar la mitad de las nueces picadas y mezclar todo muy bien.
Tomar un molde chato y enmantequillarlo(usar PAM, que es más fácil) echar en el molde este caramelo y encima esparcir la otra mitad de las nueces picadas, dejarlo afuera para que cuaje; cuando se ponga tibio, cortarlo por pedacitos cuadrados y enrrollarlos en papelitos especiales (pirotines) los cuales se pueden comprar en las tiendas de "0.99 Ctvs"

Para conocer el punto en que debe de quedar este caramelo, se pone un platito con agua fria y sobre el se deja caer un poquito de este caramelo; se debe de formar de immediato una bolita.

ARROZ CON LECHE

INGREDIENTES

2 litros de leche
Una taza de arroz bien lavado
Una taza y media de azúcar
Una cucharita de vainilla
Una rama de canela entera
Una lata de leche condensada
Una cajita de pasas
Una pisca de sal
Canela molida.

PREPARACION

La noche anterior.,se lava el arroz y se deja remojando en 3 tazas de leche.
Al dia siguiente, se pone a hervir, agrégando un poco mas de leche;se le
agrega una pizca de sal y la rama de canela entera; cuando está empezando
a cocinar se le agrega el azúcar, el resto de leche y la vainilla; debe cocinarse
a fuego lento, moviendo constantemente ya que este postre tiende a pegarse,
no se le puede descuidar; cuando el arroz esté reventando se le agrega la lata
de leche condensada y las pasas,mover bien y apagar el fuego.
Al servir rociar en cada platito un poquito de canela en polvo.

TURRONES DE DOÑA PEPA

El nombre de este postre Limeño tiene su historia y data de muchos años atráz. Vale mencionar que se vende solo en el mes de Octubre "mes morado" ya que es el mes de "Nuestro Señor de los Milagros" y todos los que son "hermanos del Señor y que pertenecen a esta Hermandad, visten con el "habito "vestido de color morado y cordón blanco en la cintura ;mientras que los hombres se ponen sobre su terno, una capa morada y el cordón se lo atan al cuello.
Es una fiesta religiosa muy grande y Nuestro Señor es muy Milagroso.
En este mes se ven a miles de Peruanos que viven en el Extranjero y solo regresan cada año para acompañar al Señor en su recorrido en procesión por las calles de Lima; unos piden ayuda; otros van a dar gracias por la ayuda recibida; otros piden por la cura de sus enfermedades etc.
En esta época del año todas las dulcerias se visten de gala, ofreciendo sus turrones, por supuesto los hacen de diferentes formas y todas muy deliciosas.

INGREDIENTES (PARA LA MASA)

2 libras de harina de trigo
Una libra de mantequilla
6 yemas de huevos
Una cucharadita de anis en pepitas (semillas)
6 cucharadas de polvo de hornear
Una taza de leche
Media taza de esencia de anis.

PREPARACION

En un tablero grande o en la mesa bien limpia, se pone la harina cernida, se le hace un hoyo en el centro y alli se le coloca la manteca, las yemas de huevos la cucharadita de anis en pepitas, el polvo de hornear, la taza de leche y la esencia de anis; se mezcla todo muy bien, se amasa hasta formar una pasta suave; se conoce que la masa ya esta lista, cuando ya no se pega en las manos.

Luego se comienza a estirar esta masa,con un rodillo de amasar enharinado se estira esta masa y se van cortando en forma de palos o dedos largos de un dedo de grosor las que se van colocando en latas para horno y se llevan al horno moderado por 15 minutos; cuando ya se hornearon todos los dedos o palos;estos se colocan en una bandeja chata,se pone abajo el papel de manteca, alli se colocan los palos, primero horizontal y la segunda fila vertical De manera que queden cruzados, entre capa y capa se echa encima la miel y se adorna con confites y grajeas (que son caramelitos chiquito)

PYE DE LIMON

INGREDIENTES

2 tazas de galletas de vainilla bien molida
Media taza de mantequilla
Una lata de leche condensada
4 huevos
Jugo de 2 limones
Media taza de azúcar

PREPARACION

Molemos las galletas de vainilla como polvo; a parte derretimos la media taza de margarina (no se deja hervir)con una cucharita preparar la mezcla;es decir de la galleta hecha polvo con la mantequilla derretida; una vez que todo quedo unido; ponemos esta masa en el molde que se va a usar y lo forramos todo presionando bien con los dedos al forrar, especialmente a los costados.

Se pone en la licuadora la lata de leche condensada; luego se agrega el jugó de los dos limones y por ultimo se echan las yemas pero una por una;licuar por un minuto;despues echamos este licuado sobre el molde forrado de galletas y lo ponemos en el horno por 10 minutos; el horno tiene que estar pre-calentado a horno caliente; cuando se saca del horno ;la mezcla tiene que estar durita; sacarlo y dejar enfriar.

A parte se prepara un merengue con las 4 claras que quedaron y el azúcar. Ejm: echar en la batidora las claras y batir hasta que quede como nieve, de aqui se va incorporando el azúcar por poquitos y seguimos batiendo;hasta que se ponga durito; ponemos este merengue sobre el molde de la leche ya frio y con ayuda de una espátula acomodamos el merengue sobre la leche asada; lo ponemos al horno caliente por 10 minutos y este tiene que dorarse. Sacar y enfriar un poquito.

INGREDIENTES PARA HACER LA MIEL

5 tapas de chancaca (aqui les llaman "panela" es un dulce de azúcar de caña)
Una y media taza de agua
5 clavos de olor
Una rama de canela entera

PREPARACION

SE PONEN A HERVIR TODOS LOS INGREDIENTES;SE LE AGREGA LA CÁSCARA DE UNA NARANJA SE DEJA COCINAR HASTA QUE TOME PUNTO DE BOLA BLANDA; SE LE EXPRIME EL JUGÓ DE UN LIMÓN, PARA QUE NO SE HAGA CARAMELO DURO; SE CUELA CUANDO ESTE CALIENTE.

Para usarla sobre los turrones debe estar fria.

Después de hechar la miel por encima de los palotes, se rocia con los confites y grajeas

DEPARTAMENTOS DEL PERU

El Perú es un pais que tiene 25 departamentos;entre ellos: Amazonas Ancash;Apurimac; Arequipa;Ayacucho;Cajamarca;Callao;Cuzco;Huancav elica Huánuco;Ica;Junin;La Libertad;Lambayeque;Lima Loreto; Madre de Dios Moquegua;Pasco;Piura;Puno;San Martin;Tacna;Tumbes y Ucayali.

Cada Departamento tiene sus Provincias y sus Distritos; en cada Departamento tiene sus propios Gobernadores, sus Alcaldes ; su Municipalidad y sus Comisarias; la población que vive en los Departamentos obedece y respeta Las Leyes dictadas por su Gobernador ;por supuesto que las Leyes se dan desde el Gabinete General en Lima-Perú.

El idioma que se habla en Perú, es el idioma Español, pero hay muchos Dialectos nativos: Aimara /Arawa /Arawak/ Harakmbut/ Jibaro/ Cahuapana/ Pano-tacana/ Peba-yagua/Quechua/ Tucano/ Tupi/ Bora-witoto/ y el Záparo.

En la mayoria de los Departamentos de la Costa, se habla el idioma Español En los Departamentos de la Sierra Central, se habla Español y el Quechua que es un dialecto Serrano.

En la Selva se habla Español y Aymara; todavia hay muchos pueblos misteriosos y escondidos; en los cuales sus pobladores, hablan sus propias Lenguas.

A cerca de sus comidas, cada departamento tiene lo suyo; los platos son exquisitos y muy variados; yo conozco algunos platos de los departamentos de la Costa y no tengo palabras para elogiarlos.

De los Departamentos de la Sierra solo conozco los de Arequipa y Huancayo siendo sus comidas muy exquisitas y variadas.

De la Selva conozco muy poco, solo lo que he leido; pero nunca tuve la suerte de poder viajar a ese paraiso verde.

Aqui les pongo alguna reseña informativa de las costumbres' historia y comidas de algunos de los Departamentos del Perú

DEPARTAMENTO DE AMAZONAS

Este departamento se encuentran ubicado en el Nor-Oriente del Pais, en la ceja de selva.

Por el Norte limita con Ecuador, por el Sur con San Martin y la Libertad, por el Este con Loreto y por el Oeste con Cajamarca.

Si bien está situada en un área donde el calor predomina y llega hasta 40o hay zonas en que la temperatura alcanzalos 0.02o C,que es la zona de la cordillera en el sur.

Esta constituidas por zonas de sierra y selva En su Parte andina se encuentran Parcullá, que es el paso más bajo de la cordillera de los andes.

Su Capital es Chachapoyas; que es una ciudad de amplias casonas.

Amazonas tiene sus fiestas patronales, donde año a año su gente se prepara para sacar a sus Vírgenes ejm: la Virgen de Asunta (del 7 al 15 de Agosto) El Señor de Galamite (del 1o al 15 de Setiembre) Amazonas tiene muchos atractivo turística y ellos preparan muchos "tours" para Pasear a los turistas, visitando todos los atractivo existentes.

Tambien cuentan con un Mercado artesanal donde ellos venden sus artículos preparados por ellos mismos.

Entre La gastronomia de Chachapoyas se puede citar:

Tacacho con crema: plátano frito y machucado con carne seca de cerdo.

Juanes de yuca: este es como un tamal, se prepara con yuca, arroz y gallina.

Cazuela: es una sopa, contiene carne de gallina, carne de res y carne de carnero Se agrega hojas de col, zanahoria, choclo desgranado y una copa de vino blanco.

Inchicapi" a continuación les doy la receta de este plato.

INCHICAPI—AMAZONAS

INGREDIENTES;

una gallina cortada en presas
Media taza de maiz blanco, remojado y molido crudo.
Una yuca
Una cebolla picada
Una cucharada de ajos molidos
150 gramos de mani tostado y molido
Una cucharada de aji amarillo molido
Media taza de culantro picadito
8 tazas de agua (si desea ponerla mas agua, para mayor cantidad)
Aceite para freir
Sal a gusto.

PREPARACION

Poner una olla al fuego con un chorrito de aceite, cuando esté caliente echar
Las presas de gallina a que se doren por todo lado; una vez se doraron todas
las presas;agregar la cebolla bien picadita, los ajos chancados, dejar a que se
fria por 2 minutos, agregar el maiz molido, agregar la sal, agregar el agua y
dejar cocinar; cuando la gallina esté tierna se le agrega el mani molido y el
cilantro picadito.
Este plato es exquisito!!!!!!!!!

Este es un departamentos del Perú,queda al Norte de Lima, pero al Centro, no tiene salida al mar o sea la Costa' esta surcado por las dos cordilleras; la Cordillera Blanca y la Cordillera Negra; formando en el centro El famoso Callejón de Huaylas.

Ancash es famoso por sus grandes Picos y Nevados y sus 296 lagunas, como La Parón/ Cullicochas/ Llanganuco/ Auquiscocha/ Rajucolta/ Querococha/ Y Cuchilcocha otras mas; tambien se puede mencionar sus nevados como El Pastoruri, el Nevado Huascar y muchos otros. cuenta con muchos bailes y danzas originales, entre ellos el Huayno Ancashino.

Ancash es famosa por su Callejon de Huaylas; este departamento tiene una Geografia preciosa;tambien tiene sus Tradiciones Culturales y aun conservan sus fiestas costumbristas y su floklore.

Aqui la gente vive mayormnte de la agricultura,la mineria a gran escala y el turismo.

Sus comidas son apetitosas y tiene su refresco de nombre" chicha de jora fresca" Dentro de la gastronomia del departamento de Ancash figuran:

Picante de Cuy: guiso de cuy cocinado en salsa de mani y aji panca.

Cuchicanca: lechón tierno adobado con vinagre y horneado, servido con papas y mote, que es un maiz desgranado y hervida mucho para que se ponga tierno.

Charqui: carne de llama seca y salada, la sirven con salsa de cebollas y aji.

Llunca Kashki: Sancochado de gallina con trigo y huacatay(yerba Peruana)

Pecan Caldo: caldo de cabeza de carnero, con mondongo, patitas y yerba buena.

Pachamanca: diversas carnes condimentadas, papas, choclos o maiz tierno cocidos bajo la tierra, entre piedras calientes;tambien ponen muchas yerbas aromáticas al estilo pre-hispánico;sirven estas carnes con una salsa de cebolla y aji, por cierto les queda delicioso.

Yo tuve la suerte de estar en un par de Pachamancas y disfruté mucho.

Humitas: masa dulce de maiz con canela y pasas, envuelta en hojas de maiz Y cocida al vapor.

Tamales: masa de maiz, rellena con carne de cerdo, envuelta en hojas de plátano Y cocida al vapor.

TAMALES—ANCASH

INGREDIENTES

10 choclos fescos
Una cucharada de achiote
Una cebolla picada
2 dientes de ajos molido
2 cucharadas de aji amarillo molido
600 gramos de carne de cerdo
3 huevos duros
100 gramos de mani tostado
12 aceitunas
Aji mirasol picado(seco)
Hojas de platano
Manteca o aceite

PREPARACION

Rayar los choclos y colocarlos en un tazón.
A parte freir en una sartén el achiote con la manteca de cerdo, echar la cebolla picada, los ajos, la pimienta, la sal, aji amarillo y la carne de cerdo en trozos.
Cuando la carne este dorado, añadir caldo de huesos, para que se termine de cocinar,.a parte en una olla echar los choclos rayados, aceite, mover, agregar el aderezo con el cerdo; dejar cocinar sin dejar de mover.
Una vez que todo este cocido y espeso, se ponen las hojas de plátano en la mesa, se coloca una porcion de la masa, un trozo de cerdo, medio huevo duro una aceitunas y un pedazo de aji mirasol;envolver bien con la hojas de plátano utilizar hojas dobles; amarrar los tamales con tiras de la misma hojas y dejar cocinar en una olla grande, pero con poca agua, por una hora.
Servir con salsa criolla picante.

APURIMAC

El Departamento de Apurimac se encuentran ubicado al Sur de Lima, limita con Cuzco;Arequipa y Ayacucho.

Posee una accidentada Geografia;se ubica entre inmensos cerros y profundos abismos.

Por estar ubicada en la Sierra, la mayor parte del año su clima es dominada por las lluvias y las bajas temperaturas; se le recomienda al Turista viajar entre los meses de Junio a Octubre.

Su ciudad es muy pintoresco, tiene un clima primaveral entre Junio—Octubre;sus calles son estrechas, sus casas son blancas con techos de calaminas o de tejas rojas.

La gente es muy hospitalaria y siempre está dispuesta a enseñar sus atractivos turísticos entre ellos:

Los baños termales de Cconoc ;al pie del rio Apurimac.

El cañon del rio Apurimac; quién da un gran espectáculo Conjunto Arqueológico de Saywite: aqui destaca la piedra de Saywite o monolito Principal que mide 2 metros y medio de altura; en ellas esten talladas la geografia y el medio ambiente de la zona.

Apurimac cuenta con muchos Museos;con muchos Colegios y tambien con muchas Universidades.

Ellos se dedican a la Agricultura y a la Ganaderia.

En cuanto a la Gastronomia, ellos tiene como plato principal, los chicharrones de carne de cerdo, que son muy diferentes a los chicharrones que se hacen en Lima.

MARIANA GRANDA

CUY RELLENO—APURIMAC

Para este [plato se necesitan unos 6 cuyes lavados y secados, lo rellenan con

Lo siguiente:

Perejil, hojas de huacatay (yerba que crece en la Sierra),yerbabuena(mint)
oregano, cebollita china(scallion) cebolla, las visceras limpia y cocinadas de
los cuyes, mani tostado y molido, ajos, cominos, pimienta, jugó de limon
y sal, todo esto se mezcla y se rellena uno a uno los cuyes, luego o se frien o
se ponen en el horno hasta que se doren, quedan muy sabrosos.
Se sirven con papas doradas y canchita.

AREQUIPA

Arequipa es la segunda ciudad de importancia en el Perú, esta situada al Sur-Oeste de Perú.

El departamento de Arequipa, presente un relieve variedo se inicia en desierto Costero y se eleva en los Andes, alcanzando gran altura en las cimas de nevados como el AMPATO y el CHACHANI,o de sus volcanes el MISTI, ademas tiene los cañones mas profundos de la tierra, como el cañon de COTAHUASI y el cañon del COLCA.

Arequipa es una ciudad muy hermosa rodeada por la Catedral e iglesias y sus hermosos Portales de la Plaza de Armas.

Tambien es conocida como la "Ciudad Blanca" por sus construcciones con la piedra caliza o calcárea de color blanco, que segun se dice, son productos de las erosiones del volcán;es una ciudad muy religiosa y guardan sus costumbres antiguas; cuenta con muchas Iglesias muy preciosas; entre ellas la Iglesia de San Francisco con su púlpito barroco; el Monasterio de Santa Catalina, el que fué construido para albergar a las hijas de las familias mas distinguidas de la ciudad con vocación religiosa; este Monasterio fue inaugurado el 2 de Octubre De 1580 bajo la advocación de Santa Catalina de Siena ;era un Centro de Clausura Absoluta y asi se mantuvo hasta el 15 de Agosto de 1970;ocupa un area de 20,000 metros cuadrados, tambien tenemos el Convento de la Recoleta El Convento de Santo Domingo ;La Casa del Moral; Casa Goyoneche etc; pero la iglesia mas impresionante es la Iglesia y Complejo de la Compañia; este conjunto, esta integrado por diversos edificios levantados por los Jesuitas; tanto para fines religiosos, como para viviendas, formando un monumento representativo de la Arquitectura religiosa propia del siglo XVII; este templo de la Compañia fue diseñada en 1573; fue destruida por un terremoto en 1584;pero la estructura actual data de 1650; la construccion es preciosa, con muchas estatuas, todas en piedra caliza; tiene un estilo muy Español y a veces la rentan para ciertos acontecimientos sociales.

Yo tuve la suerte de rentarla en 1980,para un Desfile de Modas; cuando fui Administradora de Tiendas—Consul en Miraflores—Lima;pero tenian Sucursal en Arequipa y con ese motivo se hizo el desfile en Arequipa.

MARIANA GRANDA

Para este evento recuerdo me acompañaron la Miss Perú de aquella época; la Miss Perú-playa y la Miss Arequipa; todas de ese año; siendo la Maestra de Ceremonias la Sra Linda Guzmán de Panamericana Televisión; recuerdo que Todo salió muy lindo.

Los Arequipeños viven muy orgullosos de su volcán el misti; a quien se le ve erguido y bien blanco y luce como un caballero;tambien tiene otro volcán el CHACHANI.

Arequipa ha dado un gran número de personalidades que han alcanzado Importantes posiciones, entre ellos Mariano Melgar; Nicolás de Piérola; José Luis Bustamante y Rivero (Presidente de la República)Victor Andrés Belaunde Juán Landázuri Ricketts(Cardenal del Perú)Mario Vargas Llosa(Escritor) entre otros.

Tienen unos platos muy delicioso dentro de la Gastronomia Arequipeña, entre ellos:

Chupe de camarones: sopa de camarones con leche, huevos y queso.

\Rocoto Relleno: rocoto sin pepas ni venas, relleno con carne molida y queso.

Soltero de Queso: ensalada de queso fresco, habas, cebollas, aceitunas y rocoto.

Adobo Arequipeño: carne de cerdo adobada con chicha y especies cocida a la olla.

Pebre: sopa de carne de cordero, carne de res, chalona o cecina de carnero.

CHANFAINITA—AREQUIPEÑA

Comprar dos pulmones de cordero; se sancochan en una olla con abundante agua con sal;los ajos chancados, unas ramas de apio; sacar los pulmones cuando esten tierno y picarlos en cuadraditos.

Hacer un aderezo friendo:

5 dientes de ajos chancados;una cebolla grande picada en cuadritos;2 cucharas de aji colorado; media cucharita de comino molido; una cucharada de orégano; media cucharadita de pimienta molida; cuando todo este frito; agregar 3 tazas de agua y los pulmones picados en cuadritos; 4 papas peladas y picadas en cuadritos; sazonar con sal y agregar unas 6 ramas de perejil picado; remover y servir con arroz blanco y con mote sancochado al costado.
Mote: es el maiz seco, pero remojado y sancochado.

AYACUCHO

El departamento de Ayacucho se encuentra cruzado por 2 cordilleras que lo dividen en 3 unidades geroglíficas.
Se encuentran en la sierra Sur-Central de los Andes Peruanos.

Por la tierra Ayacuchana se viaja por un paisaje poblado de cumbres de las cordilleras Oriental y Occidental de los Andes,para descender hacia el Nor-Este alas tierras cálidas de la margen derecha del rio Apurimac, que sirve de límite de los departamentos de Ayacucho y Cuzco.
En esta naturaleza andina crecen millares de cactus, dando una belleza natural.

Principales Atractivos: Ayacucho conserva el sabor de sus solares coloniales y de sus 38 Yglesias y Conventos, los que la hacen una ciudad muy atractiva.
Tambien son motivo de atracción las diferentes casonas coloniales que aún sobreviven al paso de los años;sus patios interiores, conservan sus suntuosas y sólidas arquerias de piedra finamente tallada.
Barrio de Santa Ana: famosos por alvergar a tejedores y alfareros.
Barrio de San Juán y Teneria: dedicado a trabajar en cuero y talabarteria.
Recursos: Ellos siembran la cebada; olluco; papa; trigo; ganado ovino.
Artesania: ellos hacen Iglesias de barro; retablos; tallados en piedra de Huamanga; plateria; tejidos y mates burilados.
Dentro de su Gastronomia: ellos cocinan lo siguiente:
Atajo picante—Mondongo—Caldo de Cabeza-—Patachi-Chicharrón de cerdo Pachamanca—Cuy chactado—Puca-Picante y Qapchi.

La preparación de sus comidas es muy diferente a las comidas con el mismo nombre pero de otros departamentos;cada quién lo hace muy diferente y sabroso.

CAJAMARCA—PERU

Cajamarca, ha sido reconocido como Patrimonio Histórico y Cultural de las Américas ;por su bello paisaje y gran riqueza arqueológica.

Como atracción turística Cajamarca tiene mucho que ofrecer, principalmente su Plaza de Armas que fué el lugar donde se encuentran las dos grandes Culturas; la Hispana y la Incaica.

Su Catedral es de Arte Barroco con columnas, cornizas y harmonicas labradas en piedra de cantera o volcánicas.

La Iglesia de San Francisco que forma parte de la Plaza de armas, posee valiosas piezas de iconografias ;el Conjunto Monumental Belén, a una cuadra de La Plaza de Armas; comprende el hospital de varones, el de mujeres y la Iglesia Belén; el Monumento Histórico Colonial de estilo Barroco.

La Iglesia de la Recoleta,en el barrio de San Sebastian.

Los Baños del Inca: que son baños thermales de grandes propiedades curativas.

El centro poblado de Chacanora; las grutas de Arte Rupestre y hermosas cataratas.

Porcón es un pueblo, donde sus habitantes conservan costumbres ancestrales; aqui se sigue hablando el Quechua.

Sus artesanos son muy creativos; existen mucha variedad de actividades como:

Hilados en lana de carnero; tallados en piedra; repujados en cuero; moldeados en arcilla; confección de sombreros, frazadas, ponchos;floras, guitarras, violines monturas y muchas otras cosas más.

Cajamarca tambien cuenta con una gastronomia excelente y entre sus comidas típicas estan: las humitas;cuy con papa; caldo verde de papa;manjar blanco;conserva de higos; chicha de jora y muchas otras cosas mas.

Yo tuve la suerte de probar la chicha de jora, de manos de una dama Cajamarquina, Doña Maria Calderón de Diaz; estaba simplemente deliciosa.

Yo les voy a entregar la receta de humitas.

MARIANA GRANDA

HUMITAS CAJAMARQUINAS:

INGREDIENTES:

Choclos tierno
Panca de choclos
Queso fresco
Manteca
Sal a gusto

PREPARACION

Se utiliza el maiz tierno,el cual debe molerse en un batán (que es una piedra grande y plana y para moler,se utiliza otra piedra en forma alargada,) Una vez que el choclo esta bien molido y tiene la consistencia de una pasta; se le agrega el queso y la manteca y se sigue moliendo hasta formar una masa uniforme, agregar la sal; envolver las porciones en la panca de choclo, bien cerrado,amarrar con una tira sacada de la misma panca; cocinar en olla grande con poca agua y cuidar de que no se queme; echar un poquito de agua cada vez que se necesite.
Dejar enfriar un poco antes de servir.

PROVINCIA CONSTITUCIONAL DEL CALLAO

El Callao fué y sigue siendo el primer puerto del Perú;queda en la zona Centro Occidental del Perú;hoy es provincia Contitucional del Perú.

La mayoria de sus habitantes trabajan en la pesca; o en la Aduana; o en la Capitania del Puerto; es decir todo lo referente a la industria de la pesca.

Hoy en dia tienen sus principales instalaciones como es el primer puerto Del Perú;tambien cuentan con el Aeropuerto Internacional Jorge Chávez.

En Turismo se puede apreciar la Fortaleza del Real Felipe, que fué construido en el siglo XVIII, para protegerse de corsarios y piratas;los que incursionaban en esta parte del continente.

Frente al Callao se encuentran varias islas, siendo la principal e histórica la "Isla San Lorenzo; la isla" El Frontón"l que antiguamente era una prisión; isla cavinzas, Isla de las Aves Guaneras" y las Islas Palomino en la cual habitan miles de lobos marinos, los que la han convertido en una atracción turística.

En Gastronomia los Chalacos no se quedan atráz; ellos preparan varias clases de ceviches y todos son ricos;tambien sus

"choritos a la Chalaca"

"chaufa de mariscos"

la Parihuela"

chicharrones de calamares en salsa tártara

"corvina a la Chalaca";como ven aqui el pescado y los mariscos son elementos principales para la alimentación diaria.

CHUPIN DE TRAMBOYO O TAMBIEN PEJESAPO

Estos son unos peces muy especiales que se ven en Perú(parecido a Tilapia) Hacer aderezo de cebollas, tomates los cortan larguitos, ajos tostados previamente y molidos, unas ramas de "romero" cuando esto se esta friendo se agrega un poquito de pimienta molida, un poquito de paprika y media botella de vino mover, agregar una hojas de laurel, sobre esto se acomodan los peces cubrir con un poco de este aderezo, agregar un tercio de taza de vinagre rojo dejarlo cocinar solo por 15 minutos a fuego lento.:" sacarlo del fuego."

Al servir se adorna el plato con pan frito y perejil picadito encima.

Este plato queda bien jugoso y con mucho sabor, por el pescado ya que el Tramboyo es un pez de sabor fuerte y delicioso.

DEPARTAMENTO DEL CUZCO

No podia dejar de contarles sobre la ciudad Arqueológica del Perú.

El departamento del Cuzco se encuentra ubicado en la zona sub-oriental del pais; abarcando zonas de Sierra y Selva ;limita con Arequipa, Puno, Apurimac Junín,Ucayali y Madre de Dios; en las zonas altas el clima presenta noches de frio y las mañanas templadas;mientras que las estaciones se dividen en seco y húmedo; la temperatura promedio es de 11grados C. mientras que en la zona de Selva, supera los 25grados—C.

En el Cuzco fue donde los Incas fundaron su Imperio;siendo La Ciudad Sagrada del Tahuantinsuyo.

El 23 de Marzo de 1534 don Francisco Pizarro fundó sobre la ciudad del Cuzco, una nueva ciudad Española, la cual se construyó sobre los cimientos Incas convirtiéndola asi en ejemplo de fusión cultural.

A partir de1825,con la República, Cuzco empieza a mostrar lo impresionante de su cultura y con el descubrimiento de Macchu Picchu hecho por Hiram Bighman en 1910,el Perú se pone en boca de todo el mundo;especialmente por Macchu Picchu; ya que todos desean conocer el pasado de los Incas;asi como sus grandes conocimientos de Arquitectura, Ingenieria Hidraulica, Agricultura Medicina y muchas otras cosas más, Cuzco cuenta con muchos atractivo su Plaza de Armas y la historia que encierra con Tupac Amaru y Micaela Bastidas.

El Templo de Sacsayhuaman: con sus inmensos muros de piedras.

Tambomachay: conocido como los baños del Inca.

Puca-Pucara: Fortaleza formada por andenes.

Templo de Korikancha: o el templo del sol.

Cuzco es una ciudad muy católica, cuenta con muchas Iglesias y conventos, ellos tiene sus festividades a lo largo del año.

Cuzco está cargada de tradiciones; sus comidas y sus chicherias son parte del atractivo que encuentra el Turista.

Hay guias en todas las calles que esten prestos a ayudar a los Turistas y por un par de soles no dejan que nadie se pierda, lo mejor de todo, ellos hablan Ingles.

La Gastronomia es muy especial y deliciosa Ejm:

Timpo o Puchero: es una sopa de fiesta.

Chuño-Cola: es otro tipo de sopa, con salchichas y garbanzos.

Rocoto Relleno: es el aji rocoto relleno con carne molida de cerdo y queso.

Pepian de Conejo: conejo cocido con aji colorado y muchos condimentos.

Kapche: guiso de habas, con queso y huevos.

Chicharrón con mote: carne de cerdo condimentada y frita en su grasa.

Tiene el Barrio de San Blas, que es muy pintoresco; tiene sus mercados Artesanales donde ofrecen todo lo que ellos mismos fabrican: ponchos chompas; sombreros, bufandas de pura lana de alpaca, es algo maravilloso.

CUZCO—"CHICHARRON CON MOTE"

INGREDIENTES

3 libras de carne de cerdo
2 libras de maiz desgranado
6 dientes de ajos
Sal a gusto
1 libra de cebollas
2 limones
Un aji verde.

PREPARACION

Cortar la carne de cerdo en trozos grandes; adobar con ajos chancados y sal.

Poner una olla grande al fuego con una taza y media de agua, cuando esta hierva, meter toda la carne del cerdo cortada y adobada previamente, mover de vez en cuando; el agua se va a consumirse y la carne comenzará a freirse en la propia grasa del cerdo; hay que ir volteando cada trozo de carne para que se dore en forma uniforme.

El maiz se sancocha a parte.

Se hace una sarsa de cebollas con aji picante cortado en tajadas, aceite de oliva, jugo de limón y sal.

Se sirve 2 trozos de chicharrón, al costado un poco de mote Sancochado y un poco de sarsa de cebollas.

Este plato no debe de omitirse, es delicioso!

HUANCAVELICA

El departamento de Huancavelica se encuentran ubicado en la sierra Sur-Central del Perú ;la temperatura promedio es de 10o C.
Este departamento ofrece al Turista los mejores paisajes ;restos arqueológicos y comida de la zona; es un lugar de ensueño con gente maravillosa y cálida.

Turismo Arquelógico: aqui se pueden citar las pinturas "rupestres" de Alaqmachay-Acobamba, se encuentran en la parte Sur-Este de la provincia de Acobamba; es una cueva de pinturas rupestres de los hombres nómades del lugar, en la que representan sus labores rutinarias (animales, caza, etc)

Tambien el "Huaytara; Las Ruinas de Incahuasi;Uchkus Incañan;restos Arqueológicos de Allpas-Acobamba; entre sus atractivo cuenta con:
La plaza de Armas
Iglesia Catedral de San Antonio
Museo Regional Daniel Hernández
Iglesia de San Juán de Dios;
Iglesia de San Francisco
Iglesia de San Sebastian
Casona de Tambo de Mora
Puente Colonial de la Ascensión;
Iglesia de San Cristobal y otras muchas otras

Entre su Gastronomia, se puede citar la Pachamanca; el Carnero al Palo; el Mondongo: que es un plato traditional, el cual se prepara solo en fiestas tradicionales este mondongo es muy diferente al de Lima;este es una sopa muy especial y deliciosa.
Patachi: es como una sopa con trigo y varias diferentes carnes(ternero y cerdo)
Chuñupasa con cuchianca: chuño hervida con queso y chicharrones.

Puchero sopa de carne de res y carnero y muchos vegetales; se tiene que cocinar en olla muy grande dado la cantidad de hortalizas que esta sopa lleva.
Esta sopa se cocina solo en los meses de Enero a Marzo.

DEPARTAMENTO DE HUÁNUCO

Huánuco es un departamento situada en la zona Centro-Oriental del Perú-Selva Tiene el mejor clima del mundo;un bello paisaje decorados por rios;hermosas y verdes montañas en su zona-sierra e impresionantes cataratas en su zona-selva Tiene sus templos Incaicos, considerados de los más antíguos.

Su clima es seco en la parte andina y cálido en la zona montañosa.

Tiene un gran potencial Agricola; existen grandes zonas cafetaleras; tambien de té; de maderas finas; además se cultiva la papa; maiz amilaceo; maiz amarillo plátano; naranjas; yucas y el trigo; tiene abundantes áreas de pastizales; sus bosques en la región de la selva baja, constituyen gran reserva forestal de maderas,flora y fauna, que deben de ser explotadas racionalmente.

Se cria ganado ovino y porcino en cantidades importantes.

En la mineria extraen plata; zing; cobre y plomo.

En cuanto al Turismo tiene zonas muy atractivas como su Plaza de Armas;su Catedral y la Hermosa Iglesia de san Francisco, Cristo Rey y San Sebastian.

Huánuco Viejo es visita obligada para el turista, por sus monumentos Arquelógicos de gran interés; en el paso de Carpish, se encuentran hermosos helechos y bellas orquideas de nombre" Wiñaywaina" que en quechua quiere decir: "siempre jóven".

Gastronomia: Aqui hacen su pachamanca que es muy diferente a las pachamancas andinas;aqui utilizan una yerba especial llamada: "chincho" la cual solo crece en Huánuco y que le da un rico sabor a la carne.

Yo tuve la suerte de probar una pachamanca Huanuqueña, en casa de mi amiga Edme Escalante(natural de Huánuco) quién me ofreció la pachamanca y la disfruté mucho.

Picante de cuy: este plato típico lo hacen friendo el cuy entero en aceite; luego preparan una salsa con aji colorado, cebolla, ajos, mani molido, todo esto lo muelen y luego lo echan dentro de una olla, alli ponen el cuy frito a que termine de cocinar y que tome el gusto de los condimentos.

Locro de gallina: es una sopa muy suculenta,tiene gallina y muchas papas; aji mirasol y cebolla; esta se sirve bien caliente.

TACACHO CON CECINA—HUÁNUCO

INGREDIENTES:

3 plátanos verdes
3 cucharadas de manteca
2 grms de cecina de cerdo
3oo grms de chicharrones de cerdo
Sal a gusto.

PREPARACION

Preparar los chicharrones y desmenuzarlos, lo mismo la cecina; a parte poner los plátanos al fuego enteros sin pelarlos y dejarlo que se asen; irlos moviendo de cuando en cuando para que se cocinen bien.

Una vez bien cocidos, pelarlos machucarlos muy bien, hasta formar una papilla.

Mezclar esto con la carne de cerdo;agregar la manteca y la sal.
Comer con ensalada de cebolla y tomate.

DEPARTAMENTO DE ICA

Ica se encuentran al Sur de Lima y está situada a orillas del rio Ica y este riega una fertil llanura, ubicada en medio del desierto, en la cual se cultivan uvas; espárragos;cebollas;tomates;palmeras datileras;algodón ymuchos otros productos los cuales convierten al valle en uno de los más exitosos casos de Agro-exportación.

En la actualidad se está exportando los espárragos; uvas;tangelos;mandarin as;alcachofas;cebollas;paprika;paltas y otros más.

En el sector agro-pecuario se exporta la lana de vicuña;pavos;pollos;huevos y caballos de paso.

El territorio Iqueño posee grandes yacimientos de oro;plata;cobre;sulfato de cobre;cobalto entre otros.

Actualmente se esten haciendo exploraciones sismicas para determinar con exactitud la presencia de trampas en el subsuelo donde se encuentran petroleum.

Ica cuenta con 6 puertas artesanales y tiene un gran potencial turístico y eso va de la mano con la Gastronomia Iqueña.

Sus atractivo Turísticos empiezan con:

Ciudad de Chincha/ ciudad de Pisco/Ica

Islas Ballestas / Laguna de Huacachina

Las famosas Lineas de Nasca

Reserva Nacional de Paracas

Ocucaje y la ruta del pisco y otras

Los Iqueños viven de la pesca, de la agricultura y del trueque.

En Chincha que es "cuna de campeones" nació el ritmo del cajón Peruano; instrumento de la música Afro-Peruana; el tocar cajón es un arte sencillo asi como el huiro; las maracas;los tejoles y la quijada de burro.

La población negra en el Distrito del Carmen, practica Danzas y Bailes de sus Antepasados negros como: el festejo; el landó; el zapateo; el panalivio y el Contrapunto.

Ica tiene mucho Turismo y ellos ofrecen muchos espectáculos floridos.

La gastronomia Iqueña, es espectacular; ellos cultivan los pallares que es algo asi como los frejoles, pero son muy especiales y delicioso, con los cuales ellos hacen su picante de pallares, pallares colados y muchas otras comidas más.

Tambien son famosos haciendo su carapulcra de gallina; el arroz con pato. Los Iqueños quieren y respetan a sus pallares;ya que ellos lo cultivan y los ha mantenido por muchos años; "se dice que si a alguna persona se le cae de la mano un pallar, lo recogen y lo besan en señal de veneración"

MARIANA GRANDA

PICANTE DE PALLARES VERDES

CON MARISCOS—"—ICA"

INGREDIENTES

2 lb. de pallares verdes
Un pulpo
2 docenas de conchas
Una libra de langostinos
3 ajos pelados
50 grs de mantequilla
5 ajies amarillos frescos(aji verdes)
3 tajadas de pan blanco
Media taza de leche evaporada(se mezcla con agua, para remojar el pan)
Media taza de crema de leche
Una taza de queso parmesano
Una cucharada de perejil picado
Un limón
Sal y pimienta a gusto.
Un cubito de carne.

PREPARACION

Cocinar los pallares ligeramente; cocinar el pulpo y limpiarlo bien y cortarlo en tajadas; limpiar las conchas y langostinos y ponerlos en un tazón y sazonarlos con el jugó del limón, la sal y pimienta.

Remojar las tajadas de pan en la leche.

A parte poner una olla al fuego, echar la mantequilla y alli freir los ajos;agregar el aji molido, luego agregar una taza de caldo de un cubito; agregar el pulpo cocido y picado,el pan remojado y colado y licuado,mover bien,agregar los pallares,la crema, las conchas y los langostinos y por ultimo el queso parmesano.

Se sirve con arroz blanco y se adorna con perejil picadito. Este es un plato de fiesta en Ica.

JUNIN

Junin esta situada en la parte Central del Pais, abarca territorios de la vertiente Oriental de la Cordillera de los Andes, en diversas altitudes, incluyendo valles y punas de la sierra y la zona cubierta por la Amazonia.

Su clima es templado y seco, con marcadas diferencias en el dia en que sube hasta 25o. C y en la noche baja hasta 0.5o C; siendo épocas de lluvias desde Noviembre hasta Abril.

Sus suelos son muy productivos, ellos cosechan en gran cantidad las papas, maiz, habas y muchos otros vegetales.

Tambien crian mucho ganado vacuno, ganado lanar, por lo que desarrollan una serie de industrias locales de tejidos, tambien derivados lácteos y de Artesania;tambien producen paltas y muchos otros frutales.

En la Oroya está la Fundición de metales más grande del Perú.

La región cuenta con las Centrales Hidroeléctricas de el Mantaro y Malpaso, ambas utilizan las aguas del Rio Mantaro.

En la Gastronomia tiene sus especialidades y todas son muy deliciosa:

Papa a la Huancaina: que es la maravilla gastronómica del Perú.

Pachamanca: diferente a las pachamanca de otras regiones;ellos la hacen con cuyes, pato silvestre y carne de alpaca y papas, yucas,choclos y salsas.

Patazca: es una sopa espesa que la hacen con varias carnes.

Yacu-chupe: esta es una sopa de verduras con queso fresco.

Picante de Cuy:

Carnero al palo:

Huallpa-chupe:

Trucha frita

Junin tiene muchos atractivo como la Iglesia de Cristo Pobre en Jauja.

Criaderos de Truchas en Ingenio.

Yaule: pozas de las famosas aguas thermales y curativas.

Julio: tiene la fiesta del Santiago la cual se celebra en todos los pueblos del Valle del Mantaro; además tiene muchos otros atractivos.

Hace muchos años yo estuve en Huancayo, donde hicieron una Pachamanca en la cual sacaron fondos para terminar la construcción de la Iglesia de Picchos todo fué muy organizado y muy colorido.

TRUJILLO LA LIBERTAD

Trujillo, es la ciudad de la eterna Primavera;esta ubicada en la parte nor-este de Perú; es la ciudad del Departamento de la Libertad.

Trujillo es una ciudad muy turística ;tiene para visitar las Huacas del Sol y la Luna Las ruinas de Chan-Chan; la Huaca Arco Iris; sus playa de Huanchaco y sus Caballitos de Totora; el Museo de las Tumbas Reales de Sipán;el Museo Nacional de Sicán;donde se dice que aún existe tesoros escondidos.

Tiene su Plaza de Armas que es preciosa; adornada con un sembrio de diferentes flores, en todo su alrededor; tambien su plaza de Armas esta rodeada de hoteles Turísticos.

Ellos celebran todos los años el 23 de Setiembre la fiesta Del Dia de la Primavera, con un gran desfile de carros alegóricos, con sus respectivas reynas de cada Distrito de Trujillo,; en cada carro se lucen por preparar de manera muy especial con muy buena cantidad de flores.

Trujillo es poético, es precioso y su gente es muy agradable y justo fue alli en que nosotros lo escogimos para nuestro viaje de bodas,hace muchos años La gente de Trujillo es casi similar a la gente de Chiclayo.

Ellos tiene muchas Discotecas y sitios de distracción, para aquellas personas Que van de paseo por Turismo.

Los hoteles son de Primera, la atencion es formidable y los precios, son rasonable.

En Trujillo hacen un ceviche bien fresco y delicioso.

Su comida es muy deliciosa y yo les escogi el plato que mucho lo sirven en Trujillo; es como su escudo; su nombre es Shambar.

SHAMBAR____TRUJILLO

INGREDIENTES

Una libra de carne de res-parte de Malaya
Una libra de chuleta de res
Una libra de rabo de cerdo ahumado
2 libras de carne de gallina
Una libra de pellejo de cerdo
Una libra de trigo pelado
Una libra de sarandajas grandes (frijoles Trujillanos)
Media libra de habas tiernas
100 gramos de alverjones secos (glandules)
100 gramos de frijoles secos
2 cebollas de rabo
2 aji panca
2 aji mirasol
20 gramos de ajos pelados
Media cucharadita de pimienta molida
Media cucharadita de cominos molidos
Una taza de aceite
6 ramas de cilantro
Sal a gusto

PREPARACION

La noche anterior, preparar todas las carnes con sal y pimienta; al dia siguiente hacerlas hervir hasta que esten tiernas, especialmente el pellejo de cerdo.
A parte cocinar los frijoles los alverjones y las sarandajas; las habas se cocinan junto con el trigo.
Poner una olla al fuego con un chorrito de aceite y freir en ella la cebolla, picada muy menuda, los ajos, los ajies tostados y molidos, la pimienta y el comino; agregar todas las carnes y dejar freir; agregar un poco de agua y dejar hervir por media hora; sacar las carnes y deshuesarlas y picarlas;agregar

los frejoles, las sarandajas y alverjones, mas el trigo y las habas los que ya estaban cocidos en otra olla; mover bien todo junto y sazonar.

Se sirve esta rica sopa con la carne en tajadas y cilantro picadito encima.

Es una sopa muy reponedora y alimenticia.

CHICLAYO—"LAMBAYEQUE"

Es la ciudad de la "amistad";queda al Nor-Oeste de Perú;siendo una rica region agricola, su clima es cálido como su gente, la cual es muy amable.

Chiclayo cuenta con muchos atractivo turísticos, su construcción tiene ascendencia Española;tiene sus propias Universidades;tambien muchos hoteles de turistas; muchas ruinas para visitar; como por Ejm: las ruinas de MOCHE y CHIMU; tambien tiene muchas discotecas para ir a bailar cuando se es Turista.

Recuerdo hace muchos años mi esposo y yo nos fuimos de vacaciones a Chiclayo y visitábamos el pueblo de Reque;alli observamos que toda la gente mantenia las puertas delanteras de sus casas abiertas, lo cual era extraño para nosotros que veniamos de la Capital;tambien tenian un patio a la entrada de la casa como un car-port sin techo en el cual tenian unos sembrios de uva, las cuales estaban dando fruto y los racimos de uva colgaban que daban gusto el verlos y nadie de la gente que pasaba por alli, los tocaban;yo admiraba y en eso salio una señora mayor y nos invitó a pasar ;yo le pedi perdón y le expliqué que solo estaba admirando las parras de uvas; pero la dama nos insistió tanto que nos convenció y entramos;nos hizo sentar sobre unos troncos que tenia como muebles y se fue hacia adentro de la casa; regresó con unos platos de carnes a la brasa o asadas con una salsa de cebollas con aji picante; yo no queria recibir,me moria de verguenza; pero la dama insistió otra vez y tuvimos que acceder y comimos;luego nos trajo un vaso de chicha de jora fresca(la que no enborracha) y alli conversamos de todo como si fuéramos familia.

Esa es la gente de Chiclayo buena, amable, cálida y muy hospitalaria.

La comida es deliciosa y tiene muchos diferentes platos; hay algo que noté que en las mesas de ellos que a diario comen menestras(frejoles de toda clase) es decir: hacen un guiso de carne,arroz y frejoles negros; otro dia hacen lomo saltado, arroz blanco y lentejas; otro dia guiso de mondongo, arroz y pallares; entonces a diario ellos comen sus menestras.

Entre sus comidas esta el arroz con pollo ;seco de chabelo; el ceviche de conchas; el cabrito en seco; el espesado y muchos mas.

MARIANA GRANDA

CHICLAYO—ESPESADO

INGREDIENTES:

4 libras de malaya de res, o parte de pecho de res.
Un tomate pelado y cortado
Un poro limpio (leek)
3 ramas de apio
Una zanahoria lavada y cortada en trozos
3 yucas lavadas, peladas y cortada en trozos
Una libra de zapallo "loche" lavado y cortado en trozos
7 caiguas limpia y picadas
8 choclos desgranados
Medio atado de cilantro
Sal y pimienta a gusto.

PREPARACION

Colocar la carne a sancochar en una olla con suficiente agua; agregar el poro; las ramas de apio; el tomate y dejar hervir, hasta que la carne este tierna; retirar la carne y cortar en trozos, dejar a parte ;agregar a este caldo el zapallo trozos de yuca; las caiguas y dejar hervir hasta que las verduras esten cocidas.
Licuar el choclo raspado con el cilantro y formar una crema; agregar esta crema al caldo hirviendo, dejar cocinar; regresar la carne a la olla y sazonar.
Servir este espesado y poner a parte una taza de arroz blanco, sazonado con Palillo.

DEPARTAMENTO DE LIMA

Es la Capital del Perú; llamada tambien la "Ciudad de los Virreyes"
Lima es la capital del Perú y la ciudad más importante de nuestro pais.
Es un destino ideal, para los amantes de la historia; ya que la ciudad se
encuentran cargada de historia por todos lados; desde sus casas, sus calles
y su gente; en Lima hay mucho que recorrer; su centro histórico donde se
aprecian Las Iglesias y Catedrales; Plazas y Parques y Casonas antiguas las
cuales conservan el estilo Español.
Lima fué fundada por el Conquistador Español Don Francisco Pizarro.
en el centro de Lima, está la Plaza Mayor (plaza de Armas)a un costado
tenemos el Palacio de Gobierno; en otro extremo esta la Catedral ; en un
extremo la Municipalidad; al costado de la Catedral esta el Palacio Arzobispal
Lima posee muchos atractivo turísticos y cada vez la van poniéndolo más
hermosa. Ejm: yo fui hace un año y conoci unos juego de agua y luces nunca
vistos las que se llaman "las aguas danzarinas: es algo maravilloso y digno
de conocer.
Su gente es muy amable y su gastronomia es exquisita; los restaurantes son
de lo mejor; hay muchas clases de cocina; entre ellas: la Criolla; la China;
la Italiana;Francesa;Alemana y otras más; tambien hay muchas dulcerias de
postres y cakes y los precios no son nada caros o altos; cuentan con muchos
hoteles de 5 estrellas y hay de los baratos tambien;hay casonas que solo
rentan a los "back packers "a precios razonable.
Conozca Lima; además se debe dar un saltito al balneario de Miraflores ;debe
conocer sus playas; sus Casinos; sus Tiendas hermosas;Los malecones Balta
Cisneros, el Malecón de la Marina;conozca todos los Casinos y su magia
puede visitar toda la ciudad en Mirabús que es un auto especial para Turistas
donde podrán conocer todo Miraflores; Uds. regresarán maravillados por la
megestuosidad de Lima y Miraflores.
La Gastronomia es exquisita y hay de todo y para todos los bolsillos, yo
les recomiendo si algun dia desean visitar Lima-Perú, no dejen de ir al
Restaurante La Rosa Náutica ;es algo maravilloso, lo han construido dentro
del mar; en el camino al restaurante, han hechos muchas tiendas de Artesania
fina.
No se deben de perder tanta belleza.

MARIANA GRANDA

En este libro hay 90 recetas de comidas y postres todas de Lima y Miraflores y reseñas de Departamentos del Perú donde les cuento algo de su historia ;tambien algunos de sus platos.
Como plato Limeño, yo les puedo citar el CEVICHE, el cual adjunto dentro del Recetario, al comienzo de este libro

CANTA—LIMA

Se puede decir que Canta, es la sierra de Lima; y queda al Nor-este de Lima, es un pueblo muy encantador, cada vez que hay un feriado largo, vale la pena escaparse a Canta.dentro de Canta, se encuentran Obrajillo, que es una zona de camping preciosa con sol todo el año;hay muchos restaurantes de comida buena y barata; aqui se pueden dar paseos a caballo o bañarse en la piscina;hay muchos hoteles y los precios son muy comodos.

El punto de partida en Lima es la UNI(Universidad Nacional de Ingenieria),luego se llega a la histórica hacienda Punchauca, de aqui a la hacienda Caballero; la hacienda Chocas, luego encontramos Trapiche, donde se hace el primer control de aqui se llega a Zapán; luego Macas y Yangas donde se hace el Segundo Control Policial y del Municipio; de aqui se llega a Petroglifos de Checta, la cual es una zona Arqueológica y de aqui a Santa Rosa de Quives;lugar donde vivió y murió la Santa Peruana; aqui se encuentran un Monasterio donde la Santa tenia su dormitorio con su cama rústica, tambien un mueble el cual se conserva en muy buen estado, sobre su cama hay una madera con muchos clavos, donde la Santa ofrecia sus sacrificios a Dios;haciéndose mucho daño a su cuerpo.

Tambien existe el jardin donde la Santa solia cultivar sus plantas de rosas.

De aqui seguimos y se pasa por Yaso, llamado el pueblo de los balcones, por su estilo colonial, luego viene Canta, la hermosa ciudad que encanta a todo el que la visita; siguiendo a la izquierda esta Obrajillo, que es otra belleza escondida de la Geografia Peruana; aqui la gente se dedica a la agricultura y ganaderia.

Canta aún conserva sus costumbres de pueblito matizado con el verdor de sus laderas y el arrullo del sonido del correr del rio Chillón;esto hace que la visita a este lugar sea inolvidable.

El mayor atractivo de nuestro Perú es la Gastronomia y Canta no es la excepcion; aqui les ofrecen los tamalitos verdes; el delicioso lomo saltado de carne; o una trucha frita con ensalada (trucha es un pescado de rio)

Tambien sirven un delicioso Sancochado o puchero de mote y la pachamanca roja, llamada asi por el aji colorado y los aderezo que les ponen a las carnes antes de tirarlas a las brasas.

MARIANA GRANDA

Tampoco faltan los camarones a la plancha o camarones al ajo, con papas fritas el infaltable churrasco con papas fritas o con encebollado y arroz blanco.

Recuerdo hace muchos años, fuimos mi familia y yo con mi padre a Canta, y nos quedamos a almorzar en Santa Rosa de Quives; unos pidieron los ricos camarones a la plancha y yo pedi el jugoso churrasco con encebollado y arroz la comida estuvo sana y exquisita;el ambiente familiar;la atención de primera.

CHURRASCO CON ENCEBOLLADO—CANTA

Este delicioso plato,casi siempre se prepara en dia domingo en Lima-Perú.

INGREDIENTES

Unos 6 churrascos con su hueso (T-bone)
Media cucharadita de pimienta molida
Media cucharadita de sal
Media taza de aceite
Una cebolla picada a lo largo
Un tomate cortado a lo largo
Un aji verde
Un pimiento rojo o verde
Unas ramas de perejil
Medio limón

PREPARACION

Adobar la carnes con pimienta molida y sal,ponerlas en un tazón.
A parte poner al fuego una sartén con aceite a calentar,freir los churrascos
primero por un lado,voltearlos y freir por el otro lado y asi freir todos.
En otra sartén poner un chorrito de aceite y echar la cebolla, el tomate, ambos
cortados a lo largo,agregar el aji cortado a lo largo,el pimiento,mover agregar
la sal y por ultimo agregar el perejil picadito y unas gotas de limón.
Servir acompañado de arroz blanco.
Queda delicioso.

LORETO

Loreto se encuentran ubicado en la región Nor-Este del Perú. El Dpto de Loreto es el más grande del pais;aún conservan sus tradiciones culturales, sus fiestas y sus ceremonias.

Al no contar con carreteras, solo se llega a ellos por aire y por rios.

Parte de su territorio se encuentran habitado por diversas tribus y grupos nómades y semi-nómades con distintas lengua y costumbres, su medio de vida es la caza y la pesca aunque hoy en dia se cuenta con grandes reservas petroleras y la explotación del caucho.

Entre sus atractivo turística tiene:

La casa de fierro o La casa Eiffel, la que fué construida toda de fierro.

Ex-Hotel Palace: este edificio de 3 plantas fué considerado el mejor y más elegante de la amazonia.

El malecón Tarapacá: este data desde la época del caucho, tiene una atractiva vista panorámica.

Puerto de Belén: Museo de Maynas;Museo Amazónico; Museo Municipal; Complejo Turístico de Quistococha;y muchos otros.

Hay muchos restaurantes para atender al turista donde le sirven comida national e internacional.

Gastronomia: ellos tiene infinidad de comidas y sus comidas típicas es casi igual a los de otras provinvias Ejm:

Sopa de Tortuga: esta sopa es muy rica y tiene el sabor como sopa de pollo.

Frituras de carne de mono y de lagarto; que segun los lugareños, es muy exquisita.

Otros potajes es la cesina; el tacacho; ensalada de chonta.

Tambien hacen sus delicioso refrescos como el masato; jugó de frutas; aguaje maracuya y cocona; tambien hacen helados de aguaje.

Aguaje; cocona, maracuyá son plantas de frutas jugosas y dulces que crecen en La selva Peruana.

MADRE DE DIOS

Madre de Dios, se encuentran situada en la zona Sur-Oriental del Perú, su capital Es Puerto Maldonado;posee un clima tropical cálido y húmedo con lluvias de Noviembre a Abril.

Madre de Dios tiene muchos atractivo que son muy pintoresco Ejm: La colpa de guacamayos de colorado, alli cada mañana acuden 5 diferentes especies de estos guacamayos silvestres, tambien loros y pericos a picar la arcilla del barranco, después de 30 minutos, ya se van, para volver al dia siguiente;en forma ocasional, tambien llegan sachavacas, ronsocoa y ardillas y en las copas de los arboles se pueden ver varias especies de monos como el coto, el capuchino, el titi, y el mono maquisapa.

Otro atractivo son: el lago Sandoval, el lago Valencia, Parque Nacional Bahuaje y la Reserva Nacional de Tambopata.

Su gente es muy condescendiente y hospitalaria; a ellos les gusta mucho que los vayan a visitar y siempre esten orgullosos de enseñar su tierra.

Tienen unos bailes muy coloridos y los demuestran cada vez que tienen sus celebraciones, ya sea en Procesiones o fiestas costumbristas. Ellos son muy religiosos y celebran Procesiones a lo largo del año.

Gastronomia: dentro de los platos típicos destacan:

Juane: masa de arroz con palillo, trozos de gallina envuelta en Bijau.

Inchicapi: sopa de gallina con mani, cilantro y yuca.

Asado de venado: acompañado de arroz y plátano verde.

Timbuche: sopa de pescado con plátano verde y cilantro.

Tacacho con cecina: plátano asado machucado con manteca y carne seca.

Asado de Picuro: roedor amazónico de carne muy sabrosa, asado al carbón.

Caldo de Carachama: sopa de pescado con plátano y culantro.

Además de los siguiente refrescos:

Masato: bebida de yuca fermentada con camote dulce y azúcar.

Refresco de Aguajina: refresco de aguaje(es una fruta de la Selva)

Refresco de Pihuayo: es refresco de una planta de palmera.

El Chapo: refresco de plátano y azúcar, que se sirve frio.

MOQUEGUA

Asi nombraron los Españoles a este enclave, ubicado en uno de los valles, mas fertiles de la Costa sur del Perú.

Dado las caráctarísticas de su amable clima, los Conquistadores pudieron cultivar amplios viñedos y cosechar sus generosos frutos.

Con los años se comenzó a desarrollar la agricultura en forma pregresiva, que la ha llevado a convertirse en unos de los principales focos de production agraria del Perú.

Moquegua tiene muchos atractivos, la Plaza de Armas; La Catedral de Santo Domingo; La Casa de las 10 Ventanas; El Museo Contisuyo; la Casa Tradicional de Moquegua; La Casa del Conde de Alastraya; La Capilla de Belén; Los Molinos de piedra de Torata y muchas cosas más.

La ciudad de Moquegua es muy famosa por sus balcones elaborados en el siglo XVIII, con diferentes estilos arquitectónicos.

Tambien tiene muchos pórticos de piedra en la ciudad, confeccionadas con piedras de las canteras.

Las ventanas son confeccionadas en madera y conservan el estilo de la arquitectura Colonial.

Dentro de la gastronomia Moqueguana, cuenta con muchos platos de sal y postres; es poseedora de un arte culinario de tan singulares matices, que lo hacen único en el Sur,por sus típicas comidas; entre ellas:

El Sancochado—que es muy diferente del que se hace en Lima y Arequipa

El chicharrón de chancho: carne de cerdo adobada con ajos y sal sancochado y frita, se comen con yucas y salsa de cebollas.

Cuy frito: cuy frito en sartén con una piedra plana encima.

La Cacharrada La sopa de viernes: sopa especial de viernes santo.

Chupe de Camarones Las Patitas de Cerdo Y muchas otras comidas mas

Los Moqueguanos son expertos en comer bien y cuidadosos de la tradición culinaria, la cual se mantiene intacta por varias generaciones.

para servir la mesa, colocan todos los potajes en el centro de la mesa y luego los comensales se sirven solos y lo que ellos quieran.

SANCOCHADO MOQUEGUANO

Este plato es copia fiel del Cocido Madrileño;hecho de 3 diferentes carnes.

INGREDIENTES

Una gallina gorda
2 libras de carne de res, parte de costilla o pecho
2 libras de carne de cerdo parte de costilla
4 papas
3 yucas
Un repollo
12 piezas de chuño remojado (son unas papas secadas al hielo)
Aracachas-son unos vegetales como el olluco, crecen debajo de la tierra.
Garbanzos—se tiene que remojar desde la noche anterior.
Sal a gusto
Zanahorias
Tomates
Ajos
Zapallo
apio

PREPARACION

Poner al fuego una olla grande con solo la mitad de agua, dejar que hierva ; cuando esto pasa,se hechan las carnes, ya sazonadas con sal y pimienta;dejar que hierva por una hora y media;cuando las carnes esten algo tiernas echar los garbanzos remojado y cocidos anteriormente;agregar la verdura, las zanahoria,el tomates, los ajos;el apio; las aracachas, probar la sal Agregar el zapallo, las papas y probar la sal.
Por ultimo echar las yucas y el repollo ; todo esto debe ser entero.
Ya cuando la sopa esta lista se sirve en 3 tiempos.
En un plato se sirve solo el caldo En otra plato: se sirve un pedazo de cada carne; En el tercer plato se sirve un trozo de cada verdura A parte se prepara una sarsa de cebollas,con aji y limón.; Este plato es muy delicioso.

MARIANA GRANDA

DEPARTAMENTO DE PASCO

Pasco está situado en la parte central del Perú, al Este de la Cordillera Occidental con zonas Andinas y zonas de Selva Alta y media.

Su Capital es Cerro de Pasco y es la zona más alta del Perú, mide 4,338 metros sobre el nivel del mar.

Pasco está sustentada en la mineria; especialmente en la extracción de cobre y otros minerales.

También en los valles de Oxapampa y Pichis-Palcazú se cultiva arroz, maiz amarillo, yuca;plátano; naranja; papaya y cacao.

Villa rica es la capital del café en el Perú.

También se ha desarollado muy bien la ganaderia vacuna y la Apicultura; hay pequeñas Empresas productoras de quesos y miel.

Cuenta con las Centrales Hidroeléctricas de Yaupi y Paucartambo.

Turismo: la región de mayor atracción turística, es el Valle de Oxapampa.

Pozuzo: es un pueblo que parece extraido de Europa; fué construido por Alemanes y Austriacos, cuyos descendientes, viven alli todavia.

Tambien puede visitarse el extraño y bello Parque de las Piedras de Huayllay que es un contrafuerte de rocas multiformes y enormes,labradas por las lluvias y los vientos.

Como uno de sus atractivos tambien tiene la Laguna de Patacorcha, el Templo de San Miguel de Chaupimarca; el Parque Nacional de Yanachaga; el Valle de Palcazú; ; Valle de Huancabamba y otros muchos más.

Como los otros departamentos, tambien tiene sus fiestas y celebraciones a lo largo de todo el año; tanto religiosas como sociales.

Gastronomia: Pasco cuenta con una gastronomia muy diferente a todos los otros departamentos; casi todas sus comidas es a base de muy buenas sopas pero tienen una rica y apetitosa:

Pachamanca: que son diferentes carnes condimentadas y cocinadas de bajo de piedras calientes envueltas en muchas alfalfa para que no reciban tierra.

Picante de Cuy: este es un cuy guisado, al cual le ponen mucho huacatay y mani molido, con aji Colorado ;es muy sabroso.

Caldo de Cabeza: aqui usan la cabeza de carnero y papas y maiz.

Charquican: esta comida es a base de carne seca de llama, carnero, guisada.

Caldo verde: es una sopa de carne de carnero a la cual le echan muchas yerbas aromáticas entre ellas: ruda, yerba buena;cilantro, perejil, y sale de color verde.

Bebidas tradicionales: hacen el ponche de maca,caliche y chicha de jora.

DEPARTAMENTO DE PIURA

Este departamento esta localizado al Nor-Este del Perú; se extiende desde el desierto costeño, hasta las zonas altas de la parte Andina.

La Ciudad de Piura es ordenada y dinámica, es famosda por el espíritu alegre y Hospitalario de sus gentes; tanbien es muy apreciado por su música (Tondero y Marinera) Posee bellas playas de arenas blanca y limpia ;es ideal para la pesca deportiva; sus abundantes recursos petroliferos convierten a Piura en Reservorio Nacional.

Piura tiene una variada Artesania, en la que destaca la Cerámica de Chulucanas los arreglos florales con restos marinos y las filigranas con oro y plata; ellos hacen a mano las famosas "Dormilonas (que son unos arêtes preciosos).

Sus atractivo turística que se deben visitar son:

La Plaza de Armas: La Catedral; La Iglesia del Carmen; La Iglesia de San Francisco; Casa Museo del Almirante Don Miguel Grau; Museo Arqueológico Municipal de Piura y Museo de Arte.

Piura tiene mucho Turismo y en cada lugar ellos exhiben sus tejidos de paja hechos por los Artesanos de Catacaos,los que son muy famosos.

Tambien se deben visitar Los restos Arqueológicos de Narihualá; El Desierto de Sechura;La Laguna Ramón; Los Manglares de San Pedro; y La Playa los Organos y otros atractivo más.

Gastronomia: dentro de su gastronomia Piura conserva sus costumbres ancestrales, aún cocinan de la manera rudimentaria con leña; sus cholitas cocineras con su peculiar vestimenta; sus utensilios de madera y las vasijas de cerámica; asi se visten para festejos y grandes banquetes.

Piura constituye una fuente de riqueza culinaria única Siendo sus especialidades:

Cabrito guisado
Seco de Chabelo
Tamales
Chancho en todas sus formas
Sopas de pata de vaca
Ceviches
Claros(refrescos)

Chicha de jora fresca(jora es un maiz fermentado y molido)
Tortillas de langostino
Chicharrón de pescado
Tamalitos verdes

MARIANA GRANDA

DEPARTAMENTO DE PUNO

Puno esta situada en la parte Sur-este de Lima.

Tiene un clima frio y seco con temperaturas que fluctuan entre 5o a 13o C.,con estación de lluvias de 4 meses.

Producción Agropecuaria: este departamento produce papas;maiz; trigo; quinua Kiwicha cebada; yuca;café;cacao y muchas frutales.

Producción Ganadera: produce vacuno; llamas; ;vicuñas; alpacas y ovinos.

Producción Minera: produce oro; uranium; plomo y plata.

Producción Pesquera: produce trucha; pejerrey; carachi ; suche.

Puno es la capital del Folklore Peruano; ellos ofrecen al turista más de 300 diferentes danzas, entre las cuales se destaca: La Diablada; La Morenada; La Llamerada; La Marinera Puneña y la Pandilla Puneña.

Puno tiene un gran potencial turístico y subyuga al turista por sus danzas y sus coloridos de sus vestuarios.

Durante el año ellos tiene muchas fiestas costumbristas, como tambien religiosas. Una atracción muy grande es el Lago Titicaca, siendo el Lago mas alto del mundo y es navegable; tambien alli viven los "Uros" que son unos pobladores del Lago; ellos hablan el dialecto Aymara.

Gastronomia: para los Puneños es muy especial el caldo de rana, tiene mucho alimento y proteinas.

Chairo: es un chupe hecho de varias carnes, entre ellas: carne de cordero; de res; chalona; tripas de cordero; tambien le ponen chuño remojado y chancados le ponen trozos de zanahoia y zapallo;la diferencia de otros chupes esque a este no le ponen leche.

Pesque de Quinua: guiso con quinua, queso y mantequilla.

Queso Cauche: es como una sopa y le ponen queso fresco; leche; habas; zapallo; cebolla; huacatay; papas amarillas y sazón.

Timpo de Carachi: es un plato típico de la zona del Lago que se prepara en base a los" carachi",que es un pescado típico que vive en el Lago Titicaca;el cual mide solo 10 cms y tiene alto contenido de fósforo.

Trucha: para ellos comer trucha es algo muy delicado, por la exquisites de su sabor y siempre la cocinan frita y con ensalada.

TRUCHA FRITA

Limpiar bien la trucha; siempre es fresca,ya que la pescan delante del turista
una vez limpia, la sazonan con sal y pimienta y la enharinan y la frien en
aceite bien caliente, la doran por ambos lados.
luego preparan una ensalada con lechuga, tomates, cebollas, aceite y sal.

MARIANA GRANDA

DEPARTAMENTO DE SAN MARTIN

Este Departamento se encuentran en la zona Selva Alta del Nor-Oriente del Perú; su clima es cálido y húmedo-caluroso, con temperatura promedio de 38o-C produciéndose intensas lluvias de Enero a Marzo y de Junio a Diciembre.

Tienen un rico folklore el cual está caracterizado por Cantos y Leyendas que se entonan en las Fiestas Patronales; ellos bailan la Marinera Selvática y el Tahuampa.

Ellos tiene una linda artesania, hacen trabajos en cerámica fina; confección de sombreros, cestas y canastas; collares y tallados en maderas.

Este departamento es muy famoso por sus baños sulfurosos curativos de Oromina a 7 kilómetros de Moyobamba; aqui el agua aflora en forma natural del suelo y son muy conocidas por las propiedades terapéuticas; ellos tiene muchos otros atractivo turísticos.

Tienen muchas festividades que celebran a lo largo de todo el año;tanto Civiles como Religiosas.

Gastronomia: aqui ellos tiene los siguiente potajes:
Juanes: utilizan arroz, gallina, huevos y aceitunas
Nina Juane: arroz, huevo batido y pollo
Nichicapi: sopa de gallina con yuca, maiz y mani
Timbuche: sopa de pescado fresco, huevos batidos y cilantro
Tacacho: plátano verde asado, majado con manteca de cerdo y trozos de chicharrón
También hacen" Cecina de tacacho"
Chorizos
Inchicucho y el famoso "Poroto Shirumbe"

TACNA

Llamada tambien la Ciudad Heróica.

Este departamento se encuentra ubicado en el extremo sur del Perú; es un apacible y soleado valle;su territorio se extiende entre regiones de Costa y Sierra.

Por el norte limita con Moquegua; por el sur con Chile; por el este con Puno y Bolivia;y por el oeste con el Oceano Pacifico.

Su clima es seco y agradable, con sol durante todo el año, su clima es templado con una temperatura máxima de en verano de 28 grados centígrados.

Tacna es una ciudad pequeña y limpia; con grandes alamedas y bellos árboles en diferentes calles; tambien tiene zonas desérticas, volcanicas y Cordilleranas; desde las Punas descienden rios que serpentean por la meseta hasta llegar a los valles.

En la Costa el mar y el viento, han formado bellas playas poco conocidas y de difícil acceso.

En el centro de la ciudad, Tacna cuenta con su Teatro Municipal; el Museo Ferroviario; el Parque de la Locomotora; el Museo Histórico; el Arco Parabólico.

Tacna tiene una gastronomia muy exquisita; donde se destacan:

Choclo con queso y salsa de aji.

Chicharrón de cerdo con maiz tostado (canchita)

Patazca o sopa de mondongo Picante a la Tacneña (guiso de menudencia de vacuno; con charqui, o carne seca salada, papas, orégano y y aji colorado.

Cuy chactado (cuy frito en sartén debajo de una piedra plana y pesada) Pastel de choclo (hecho de maiz fresco, puede ser de culce con canela y pasas como tambien salado con carne de cerdo.) Camarones al Ajillo.

CAMARONES AL AJILLO—TACNA

INGREDIENTES

2 libras de camarones
Media cucharadita de pimienta molida
Media cucharadita de perejil picado
Media cucharadita de pimentón picante
Una taza de harina
Una taza de aceite
10 ajos molidos
Una cebolla grande picada bien menuda
2 cucharadas de mantequilla
2 tazas de leche
Zumo de un limón
Sal a gusto

PREPARACION

Limpiar los camarones, escurrirlos, ponerlos en un tazón y condimentar con sal y pimienta y un poquito de zumo de limón; luego se pasan por harina y se frien en aceite bien caliente, para que queden crocantes.

A parte en una cacerola se hecha la mantequilla y se pone a cocinar a fuego lento; agregar los ajos, la cebolla, la pimienta y el pimentón picante; una vez cocinada la cebolla, se agregan 2 cucharadas de harina, mover bien, subir el fuego un poquito; agregar las 2 tazas de leche y la sal; mover bien y dejar cocinar por 5 minutos.

Si esta praparación se pone muy espesa, se puede agregar un poquito de leche y mover bien; al final agregarle perejil picado.

Servir en un plato una cuchara de esta crema y sobre esto se ponen los camarones crocantes y se adorna con ramas de perejil.

Queda muy delicioso.

DEPARTAMENTO DE TUMBES

Tumbes se encuentra en el extremo Nor-Occidental del Perú ;en esta tierra se dan hermosos caprichos de la naturaleza, en la que sus manglares son espectáculos formidable.

Tienen hermosas playas donde se pueden disfrutar de la frescura de sus aguas Y tambien hay muchos sitios para pescar deportivamente.

Principales Atractivos

La plaza principal de Tumbes;

Restos arqueológicos de cabeza de vaca;

Museo de Sitio Gran Chilimasa

Playa y Manglares de Puerto Pizarro

Iglesia Matriz de San Nicolás de Tolentino.

Tambien tiene sus baños Thermales de Hervideros.

El Turismo en Tumbes es fabuloso, sus playas son de agua tibia y acogedoras y con mucha seguridad para el bañista.

Gastronomia: Tienen una basta cantidad de potajes a base de pescados y mariscos, entre ellos:

Ceviches de pescados

Ceviche de conchas negras

Tambien preparan los langostinos en formas diferentes

Cocktail de cangregos

Chicharrones de calamar

Caldo de bolas de plátano

Chilcanos y parihuelas

Entre los platos specials se pueden citar:

Arroz con conchas

Arroz con mariscos

Tambien tienen sus platos tradicionales

Seco de cabrito y sus tamalitos verdes

Aqui los Turistas quedan deslumbrados con tantos platos a base de mariscos Almejas, caracoles, ostras, erizos, pulpos; cangrejos, ostiones y calamares los que son verdaderos alimentos, para el ser humano.

Los Piuranos son gente muy hospitalaria y les gusta de que los visiten.

MARIANA GRANDA

DEPARTAMENTO DE UCAYALI

Ucayali se encuentra en la Selva Central Peruana, esta región es habitada por diversas tribus como los Shipibos; Ashaninkas; Culina; Yaminagua.

Con el auge del caucho y su gran demanda en el mercado internacional la presencia de la población occidental se hizo cada vez mas fuerte;la explotación cauchera no implicó sin embargo la incorporacion de los grupos nativos a la estructura Económica, Politica y Social del Perú.

Folklore: aqui predominan muchas danzas entre ellas Sitarukay; Changanacuy Chimaychi; y la Pandilla.

Artesania: aqui mucho trabajan en madera; semillas; plumas de aves; cogollos de caña brava y arcilla roja,la que utilizan para la alfareria

Tienen muchos atractivos turísticos como:

Plaza de armas; Laguna de Yariyacocha; Plaza del reloj público; Casa del Escultor Agustin Rivas; parque Nacional de Pucallpa.

Tiene muchas festividades como

El Carnaval Ucayalino; Concurso de danzas típicas alrededor de la Humisha(cortamonte y bailan alrededor del arbol) La Fiesta de San Juán y muchos otros.

Gastronomia:

Patarashca: pescado envueltas en hojas de platano y asado al fuego.

Picadillo de paiche: cecina de paiche deshilachado, con cebolla, tomate y aji.

Majas al Horno: carne al horno de un roedor amazónico.

Tambien hacen sus bebidas tradicionales:

Masato: es bebida de yuca cocida con camote, machucada y fermentado con azúcar.

Aguajina: refresco de aguaje, es una fruta de la Selva.

Chapo: refresco de plátano y azúcar, se sirve bien frio.

PARA TODAS LAS PERSONAS QUE COLABORARON

EN COMPRAR ESTE LIBRO.

Como ya les dije anteriormente; soy una señora Peruana, hija de Una Cheff en Perú; de ella aprendi a cocinar y conocer todos los secretos de la cocina Peruana, la cual se hace con mucha coqueteria y gusto Peruano; además es muy barata de preparar y muy alimenticia.

Yo vine a los Estados Unidos hace 28 años y trabajé en todo; es decir hice toda clase de trabajos hasta que me decidi por la Electrónica; tuve que aprender a hacer harness de alambres y cables; trabajé para la NASA haciendo unos HARNESS muy grandes ; tambien trabajé para el Ejército;para la Marina para la Aviación,haciendo lo mismo, hasta que me retiré.

Después de retirarme me mudé a Carolina Del Norte después de haber vivido 27 años en New York; aqui es una zona tranquila, en la cual me da tiempo y tranquilidad para poder escribir; comencé a sacar todas las recetas que mi madre me dio como herencia y empecé a hacer mi libro de cocina.

Tambien les agradezco la colaboración al comprar el libro, ya que me dan la oportunidad de seguir ayudando mensualmente al"
Saint Jude Childrens Research Hospital
"Children's Internacional"
Feed the Childrens"
entidades a las que estoy inscrita, pero por motivo de mi retiro ya no puedo cumplir con ellos.

Les agradezco con todo el Corazon

La Autora

CPSIA information can be obtained
at www.ICGtesting.com
Printed in the USA
LVHW101809240122
709250LV00016B/372/J

9 781463 305871